新中国超级工程·誉满中外的国际合作

强盛国力的标志性符号

尽显新中国的时代风采

新中国**超级**工程

誉满中外的
国际合作

《新中国超级工程》编委会 编

研究出版社

图书在版编目（CIP）数据

誉满中外的国际合作 /《新中国超级工程》编委会编.
— 北京：研究出版社，2013.7（2021.8重印）
（新中国超级工程）
ISBN 978-7-80168-829-3

Ⅰ.①誉…

Ⅱ.①新…

Ⅲ.①国际合作—成就—中国

Ⅳ.①D822.2

中国版本图书馆CIP数据核字（2013）第158156号

责任编辑：曾　立　　责任校对：张　璐

出版发行：研究出版社
　　　　　　地　址：北京1723信箱（100017）
　　　　　　电　话：010-64042001
　　　　　　网址：www.yjcbs.com　E-mail：yjcbsfxb@126.com
经　　销：新华书店
印　　刷：北京一鑫印务有限公司
版　　次：2013年9月第1版　2021年8月第2次印刷
规　　格：710毫米×990毫米　1/16
印　　张：14
字　　数：190千字
书　　号：ISBN 978-7-80168-829-3
定　　价：38.00元

前　言
FOREWORD

　　在社会发展的不同时期，都会产生代表性的伟大工程，比如长城、都江堰、京杭大运河，这些工程都是时代的产物，在当时发挥了举足轻重的作用，对后世也往往有着深远的影响，成了那个时代的标志性符号。

　　今天的中国，正处在有史以来最大规模的建设时代，随着经济和社会的飞速发展，加之自然和历史的多重原因，产生了许多亟待解决的重大问题，如民生、环境、能源、发展等等。这些问题必须借助一些超常规的工程，才能得以改善和解决，而强盛的国力和日益发展的科技水平，最终让这些超级工程得以实施。

　　这些超级工程与时代紧密相连，反映着时代的国情与现状，代表着当时的科技和经济水平，通过了解这些超级工程，可以了解国家的发展历程，可以知道国家的基本行为，国家曾经做过什么，正在做着什么，即将要做什么。《新中国超级工程》即从尖端科技、文化振兴、国际合作、世界第一、中国奇迹五个方面选取典型，高度聚焦，深入解读，集中展现了新中国超级工程的磅礴能量，展示新中国的活力和创造力。

　　作为国家的一分子，每个人都有必要了解国家行为，对整个国家、社会乃至世界有所了解和认识，拥有开阔的视野和眼界，才能更好地准确定位自己，把握机遇。本丛书在科技、交通、能源、水利、建筑、工业、教育、文化等各个领域，选取新中国最具代表性的工程，这些工程或具有国家战略意义，关乎国计民生，或在体量规模上空前超大，或在科技水准和建造水平上走在世界前列，集中展示了新中国在各方面的突出行为和成就。

　　进入信息时代的今天，世界已经变得越来越小，国家之间的交往越来越密切，国际合作越来越频繁。本书——《誉满中外的国际合作》精选了新中国数十个具有代表性的国际合作项目，覆盖世界各大洲，各大区域合作组织，内容涉及尖端科技、交通建设、资源开发、科教文卫等诸多领域，带领读者了解我国在国际合作方面所取得的骄人成果，通过典型代表深入认识我国的"走出去"和"引进来"战略。

"风声雨声读书声，声声入耳；家事国事天下事，事事关心。"中国人民自古就有心系天下，忧国忧民的传统。处在竞争如此激烈的现代社会，我们更有必要了解国家行为，知道祖国和世界每天都在发生着什么。这不仅仅是关心国家，更关乎我们的视野，我们的生存和机遇。相信读者通过书中的一个个超级工程，可以了解新中国的过去、现在和未来，从中得到一些见识、感悟和启示，获得一些希望、勇气和力量。

目 录
CONTENTS

YUMAN ZHONGWAI DE GUOJI HEZUO

YUMAN ZHONGWAI DE GUOJI HEZUO

YUMAN ZHONGWAI DE GUOJI HEZUO

新
中
国
超
级
工
程

誉
满
中
外
的
国
际
合
作

阿尔及利亚东西沿海高速公路

阿尔及利亚位于非洲北部，是非洲面积最大的国家。其东西沿海高速公路全长1216千米，包括200多座桥梁，东连突尼斯，西接摩洛哥，连通马格里布五国集团约7000千米的沿海地区。该公路既是阿尔及利亚贯穿东西方向的主要交通大动脉，也是北非地中海沿岸国家重要的战略要道，被认为是当地经济增长的发动机，一直受到世界建筑业的高度关注。

在60多家顶尖工程公司中胜出

其实早在20多年前，阿尔及利亚（以下简称阿国）就提出要建设东西沿海高速公路。1999年，总统阿卜杜勒阿齐兹·布特弗利卡上任时也曾对全国人民承诺修建东西沿海高速公路，但苦于财力不足，修建计划一直没有得以实施。当时有不少国家都表示对这个项目感兴趣，美国、阿拉伯联合酋长国、意大利、澳大利亚等国甚至还联合提出了一个融资方案。考虑到种种原因，阿国最终并没有接受这个方案。

所幸，近年来阿尔及利亚发展很快。凭着丰富的石油资源，阿国不仅还清了外债，外汇储备也超过了400亿美元。这给阿国带来了新的发展机遇。2005年3月，总统布特弗利卡决定动用国库解决东西沿海高速公路项目的建设资金。其后，阿国通过国际招标方式进行工程建设。计划国内公共工程企业负责完成全部工程量的20%，剩余80%让国际大型工程公司参与完成。工程需要在布特弗利卡总统任期届满，即2009年内完成。

2005年10月底，阿方东西沿海高速公路招标信息一公布，立即引发了一场招投标领域的国际竞争。闻风而动的64家顶级国际工程公司旋即组成7

YUMAN ZHONGWAI DE GUOJI HEZUO

家联合体一起竞标，其中，包括2005年《工程新闻记录》"全球最大承包商"排名第一的法国万喜公司、排名第五的美国柏克德公司、排名第七的日本大成建设、排名第八的日本鹿岛建设、排名第二十二的德国贝尔芬格伯格公司等。

在中国方面，由中信集团牵头的中国中信——中铁建联合体也参与了3个标段的竞争，并迅速组织了最强的技术力量来准备投标标书。负责具体投标工作的中信国华公司，则在两年多的时间内，派出多批多次技术人员、商务人员赴阿调研。他们勘查现场，大量了解该工程的历史背景，并与在建路段业主雇佣施工公司反复探讨施工中遇到的现实问题。

阿尔及利亚的官方语言是法语，中信国华提前半年就开始组织国内3家法语翻译公司，储备高速公路方面的专业翻译人才，并把国内工程承包界及法语工程翻译界名流破格直接调入公司。随后，再寻求阿尔及利亚当地高速公路咨询公司同行的帮助，以编写地地道道的法语标书。

经过长期精心的调研准备，当标书与材料运往阿尔及利亚，在机场过磅的时候，竟然足足有760千克重。标书有3段，每段都分技术标书与商务标书。商务标书里包含最绝密的竞标价格，为了保证标书的安全，公司不敢托运，要求员工必须随身携带。为防止意外，中信国华安排8名员工，分成两组，乘不同航班头等舱抵阿。每人携带两大皮箱的随身行李，里面全部是标书核心部分及备份文件，连放洗漱用具的地方都没留。至于标书核心的核心——记载着中信——中铁建联合体真正出价的调价函，则有不同的24封，由互不相识的人携带。连送信人自己也不知道，身上这份是不是真正的调价函。

2006年5月，阿尔及利亚公共工程部高速公路局通过媒体发出临时决标通告说：业主已从64家国际公司提交的15份投标书中，选定3份被确认为最有说服力、最符合招标细则条件的投标书中标。中段、西段两个标段，中国中信——中铁建联合体以技术、商务综合评分第一中标。后阿方业主解释了选择中信的理由：除了其出色的项目实施方案外，还有两个受到赞赏的重要原因：一是中信集团具有整合、组织国内外资源的强大能力；二是投标文件中明确承诺，将培训当地工人，提供当地就业机会以及帮助提高当地公司项目实施的能力。

项目合同总金额约为62.5亿美元。最终合同金额将达70亿美元（约560亿元人民币）。这是中国公司有史以来在国际工程承包市场获得的各类工程中，单项合同金额最大、同类工程中技术等级最高、工期最短的大型国际设计建造总承包项目，也是在世界工程承包市场中拿下的同类项目单项合同额最大的订单。

中国中信—中铁建联合体此次中标，是国家"走出去"战略和资源战略的进一步落实，有利于充分利用国际和国内两个市场、两种资源，为我国工程承包企业探索出进入国际高端市场的新模式。同时，对中国工程企业在国际建筑市场做强做大，全面带动中国技术、设备、材料及劳务出口具有深远意义。

抓住每一个细节，严把质量关

阿尔及利亚东西沿海高速公路是北非马格里布高速公路的重要组成部分。马格里布高速公路从毛里塔尼亚首都努瓦克肖特至利比亚的东部边境处，全长近7000千米，在阿尔及利亚境内长约1216千米，东起阿尔及利亚和突尼斯边界城镇塔里夫，西至阿尔及利亚和摩洛哥边界重镇玛格尼耶，路线横贯阿尔及利亚北部沿海重要城镇。阿尔及利亚境内段项目自20世纪80年代开始启动，截至2005年在建及建成路段长289千米，尚未施工路段长927千米。中信集团获得的中、西两个标段工程里程分别169千米和359千米。

阿尔及利亚东西沿海高速公路，是一条完全采用欧洲标准规范设计和建造的等级最高、工期最短、地质状况最复杂的高速公路。项目区属地中海气候，年平均气温9℃~23℃；每年8月最热，平均最高气温31.2℃；1月最冷，平均最低气温5.9℃；每年6月~9月为旱季，平均降雨量14.8毫米；11月~次年

3月为雨季，平均降雨量为116毫米。沿线所经区域在地质构造带上，属阿特拉斯阿尔卑斯褶皱带。线路处于地中海沿岸，属于地震多发带，地震灾害相对比较严重。在这里，许多施工方法与计量要求都与国内有很大的不同，如桥涵配筋率相当高，差别最大的如桩基可以达到120~130千克/立方米，比国内设计的2倍还多；路基清表计量，国内通常清理20厘米左右深度，原地表标高以清表前测量数据为准，而这里仅需将表面的灌木、杂草、附着物清理走，下面再清理的30厘米左右腐殖土另外单独计量。

虽然施工条件恶劣，但是工程项目组还是力求抓住施工中的每一个细节，严把质量关，力求把工程做得完美。所需要的材料，他们都坚持做到有产品合格证、生产日期、批号、标号、生产厂家，"五证"齐全，缺一证都不能进入施工现场；严把图纸审核关，所有的施工图纸，都坚持做到数据认真计算，现场实地对照，技术详细交底，未经复核的图纸不下发，技术交底不清楚不开工。

每项新工程开工，工程项目组都坚持样板引路。先选定一个试验段，按照设计技术标准，编制试验方案，进行试点作业，经检验满足设计标准要求后，再编制正式施工方案。在试验段施工中，他们组织各作业队长和技术骨干，观摩学习，等大家熟练掌握施工工艺和技术操作要领后，再展开全面施工。这样，工程全部统一工艺流程，最后达到统一质量标准。

此外，他们还有严格的逐级质量检验制度。上道工序完成后，先由作业班组长组织质量自检，再由施工队领导二次验收，然后由项目安质部质检工程师第三次验收，最后经驻地监理工程师验收签字后，再进入下道工序施工。施工中，他们充分发挥技术人员对工程质量的监督促进作用，项目全面推行质量一票否决权，规定未经质检工程师验收、签字的工程，一律不计价。

攻克重点难点工程

中铁十七局集团担负施工的西标段W8标段，是全线工程任务最重、施工条件最为艰难的标段。W8标段结构物集中，重难点工程多，又处在丘陵地区，沟壑纵横，地形险峻；而且地质复杂，大多是被筑路人称为"地质雷区"的泥灰岩，这些给工程施工带来重重困难。工程管区全长54千米，主要工程量有：路基土石方1849万立方米；桥梁21座，共3622延米；涵洞87座，总长5500横延米；路面沥青混凝土80万吨等。施工创造了阿尔及利亚公路建设史上多项之最。

PK119大桥，全长658.2米，墩高40米，是全线的第一长桥，也是阿尔及利亚当今最长的公路大桥。它位于阿尔及利亚马格尼亚市布赫拉拉水库上游的维拉河上，是东西沿海高速公路西标段唯一的一座水中大桥。如果是在我国，修建这样的一座桥可以说是微不足道。可是在一个各种材料都非常匮乏的国度里，修建这样一座大桥，其艰难程度一点也不比在我国的长江、黄河上建桥逊色。2008年10月，阿尔及利亚西部遭受了50年不遇的洪灾。凶猛的洪水掩埋了正在施工中的PK119大桥的基础，其中6、7、8号桥墩水深达14米以上，施工一度受阻。当时最好的施工办法是采用钢板桩围堰，可材料和所需的机具，得从万里之外的祖国购进。加大工程成本不说，光是海运到清关，少说也得3个月，工期等不起。为确保工期，项目组经过一番技术攻关，决定采用筑岛围堰、分段施工、重点突破的方法。工程施工之难只需看一组数字：填筑围堰土方18万立方米，抛填片石4万立方米，旋喷桩施工达14000延米，累计清淤6万立方米，先后战胜大小塌方和管涌以及流沙等40多起。

PK120路段，山体长600米，高60多米，石方爆破总量达100多万立方米，是全线最大的石方爆破点，也是制约全线按期通车的一大"拦路虎"，人称"摩天岭"。

石方爆破艰难，更难的是紧挨着石方爆破点，铺设着当地的一条输油管道、一条输水管道和一条高压线，稍有不慎就可引发灭顶之灾，索赔的额度也是一个天文数字。为确保施工和"两管一线"安全，项目组在现场经过反

YUMAN ZHONGWAI DE GUOJI HEZUO

复试验和技术论证后，采用深钻孔、小药量和分段起爆松动爆破方案，把震波控制在最低限度，同时对起爆点实施全覆盖封闭。由于安全措施到位，工程人员先后上百次实施爆破，近在咫尺的输油管、输水管和高压线，始终安然无恙。

从2008年4月攻克"摩天岭"施工战役一打响，爆破队爆破1米，运输二队就拉空1米，爆2米，拉空2米，昼夜拼抢，施工进度一路突飞猛进，比计划工期提前6个月完成，为全线按期通车搬掉了一个"拦路虎"。

中铁十七局集团担负施工的管区中，有一段10千米的泥灰岩路段。这种地质是由远古时期的海生物沉积而成，它非常娇气，刚开挖的时候，如同岩石一般坚硬，可经太阳一晒立即开裂破碎，遇到水即刻分解软化，稳定性极差。施工人员称泥灰岩为"地质雷区"，处理起来非常费劲。

如果是在路基上遇到泥灰岩还好办些，进行换填就可解决。可在路基两旁的边坡上遇到泥灰岩，那可真是一场灾难，常常是你挖一锹，要不了多久它就能塌下两锹来。特别是在雨季，施工中稍有不慎，防水处理不当，就会造成公路两旁边坡山体大面积的坍塌、滑坡。

经过一番技术攻关后，项目组总结开发出一整套对付泥灰岩地质的处理办法。他们在山体条件较好的地方，采用放缓路基边坡坡度，开挖支撑渗沟，用复合土工膜加三维土工网覆盖，再在上面填土种草，起到加固路基边坡的作用；在山体条件较差、灾害严重地段，用石料帮砌加固或打抗滑桩锚固山体，成功地使公路通过"地质雷区"。这一个个重难点工程的攻克，为全线按期通车奠定了基础。

尼日利亚铁路现代化

　　铁路运输与国家的社会经济发展密切相关，是衡量一个国家基础设施水平的重要标志。尼日利亚作为非洲第二大经济体，铁路发展历史悠久，是非洲最早拥有铁路的国家之一，在英殖民统治时期，铁路在尼日利亚社会发展过程中曾发挥过重要作用。但近几十年来，由于缺乏维护及管理不善，尼日利亚铁路运营总体处于停滞状态。

尼铁路面临的问题

　　早在1898年英属殖民地时期，尼日利亚拉各斯州政府便开始修建拉各斯至阿贝奥库塔的铁路。1901年3月4日，拉各斯至伊巴丹的铁路开始正式运营，尼日利亚从此步入铁路时代。此后，尼日利亚相继修建了拉各斯至卡诺线（全长1126千米）、卡杜纳至迈杜古里线（全长885千米）、卡凡产至哈科特港线（全长737千米）等主要铁路线。截至1965年，尼日利亚主要铁路路线基本完工，全长3505千米，其中绝大部分为窄轨单线铁路，主要由东北至西南的两条干线组成。东为哈科特港至迈杜古里，西为拉各斯至卡诺，主要站点分布在拉各斯、哈科特港、夸拉、纳姆达、迈杜古里和奈古鲁。另有7条支线和277千米的阿贝奥库塔至瓦里标准铁轨路线。

　　由于是英属殖民地，尼日利亚早期铁路主要由英国人负责运营。到尼日利亚取得国家独立前，尼日利亚铁路网络已相当发达，管理有序，运营高效，可把北部农产品运至拉各斯和哈科特港，把东部棕榈油和西部可可运至其他地区。

　　1960年尼日利亚（以下简称尼）独立后，政府全面接管全国铁路系统，由尼铁公司独家负责铁路运营。但是由于对机车和其他基础设施维护不善以及人员机构臃肿，在过去的几十年中，尼铁公司债台高筑，先后多次破产。自1993年至2009年，尼铁公司再没有购买过新的机车，有一部分运行机车还是1948年买的，时速只有35千米/小时。2001年，尼铁公司年客运量仅为150万人左右。全国有70%的机车需要修理和更新，轨道需要检修，通信系统设备陈旧，个别地方严重失修，管理体制也有待于革新。这些问题导致尼铁基本停运，全国货物和旅客运输主要通过公路完成。

综合来说，尼铁路运营主要面临以下几个问题：

第一，设备陈旧，年久失修。尼现有铁路大多修建于英殖民统治时期，机车基本为老式柴油动力机车。由于缺乏必要的保养和维护，绝大多数设备已无法正常工作，需要大规模淘汰更新。

第二，资金不足。尼政府虽早在2006年便签署了尼铁现代化等大项目，但由于资金一直无法落实，项目迟迟未能启动。在建的阿布贾城铁等项目同样面临资金紧张的问题。

第三，管理层腐败。尼政府和尼铁公司管理人员腐败，致使财政拨付的资金不能有效发挥作用。同时，铁路复兴计划也与陆路运输集团存在利益冲突。

第四，缺乏专业的运营管理人员。尼铁路专业人才严重匮乏，且缺少配套的专业人才培养体系，难以对铁路系统进行有效管理。尽管尼政府多次提出铁路修复计划，但政府官员更多考虑如何从项目中受益，至今却没有任何人考虑整套铁路运营方案。

积极参与铁路现代化

中国是最早参与尼日利亚铁路现代化工程的国家。1995年，中国和尼日利亚签署协议，开始对尼日利亚铁路系统进行全面修复，包括测量、设计、减缓坡度、消除急弯道，提供620台机车车辆，更新信号设备，培训当地技术人员和技工等，总金额为5.28亿美元，尼日利亚铁路运力也因此得到提高。这是当时中国在非洲承建的最大的对外承包工程项目，于1999年完成。

　　进入21世纪以来，为适应新时期经济发展的需要，尼日利亚政府作出了重新振兴铁路事业的重大决定。2002年，尼日利亚尝试与德国公司合作制定了铁路发展规划，目标是通过战略投资和政策支持把连年亏损、债务缠身的尼铁公司改变成一个充满活力的企业。在这个计划的指导下，2006年10月，尼日利亚交通部与中国土木工程集团有限公司（以下简称中土公司）签署总金额为83亿美元的合同，拟建设一条南起拉各斯，北至卡诺，全长1315千米，设计行车时速150千米的铁路。除卡杜纳到阿布贾的160千米线路外，其余全部为双线铁路，铺轨总里程达2730千米。线路设计为全立交、全封闭，并采用全自动闭塞微机连锁系统，共设有25个车站和2个机车车辆维修工厂。这是迄今为止中国公司在国际工程承包市场中标的最大项目，也是继坦赞铁路之后，中国在非洲承建的线路最长、现代化程度最高的铁路大通道。

　　原本预想在2015年前完成的铁路工程，因为恰逢尼日利亚政府换届，资金又不足，该项目曾经遭遇中断。后来经过多次磋商，双方同意保留尼日利亚铁路现代化项目原合同，为缓解业主资金压力，项目采取分段实施。

　　2007年5月和2009年8月，尼日利亚政府和拉各斯州政府又分别与中土公司签署全长60.7千米的阿布贾城铁项目和全长27千米的拉各斯城铁项目建设合同。

　　2009年11月，尼铁公司分别与中土公司和英国柯斯坦公司签署了尼铁既有线路修复改造项目合同，对拉各斯至杰巴和杰巴至卡诺铁路进行改造。目前，修复工程正在进行中。同时，尼铁公司开始着手购买新机车头，拟修复经营不善的铁路运输系统并使其实现现代化运营。

　　2012年8月28日，中国公司中土尼日利亚公司与尼日利亚政府在尼日利亚首都阿布贾再次签署了铁路修复改造，拉各斯至伊巴丹段项目合同。合同总额为14.87亿美元。标志着尼铁现代化铁路建设由初期启动阶段进入稳步推进的新时期。

在签约仪式上，尼日利亚政府表示，铁路是非常重要的基础设施，因此，尼日利亚将铁路现代化项目纳入国家的2020年发展规划。希望中土尼日利亚公司能够保质保量地完成该工程，为尼日利亚民众谋取实实在在的福利，也为两国经贸关系的发展添砖加瓦。

在中尼两国政府领导的支持下，中国铁建股份有限公司要整合全集团的资源，精心组织，精心设计，精心施工，把这条铁路建成非洲大陆技术先进、质量最好的铁路。而且在铁路的建设过程中，还要培养一大批尼日利亚的技术工人，包括建设、维护和运营管理等各种技术人才，把中国铁建先进的技术和管理经验传授给当地工人。因此，这条铁路的修建，对中尼双方来说是双赢。一方面，在铁路建设中，中土公司还将积极吸纳当地社会就业，为当地提供5000个就业机会。铁路的建成通车，将有力带动铁路沿线的经济发展，同时更好地推动尼日利亚整个国家的经济发展。而另一方面，中国也能通过技术和设备的出口增加在非洲的贸易额。中国和非洲的关系是政治、经济、科技、文化全方位的。非洲国家希望通过开发资源，获得资金，发展经济，我们可以向非洲提供他们需要的技术、设备，共同开发资源，使中国公司也获得理想的效益，最终实现双赢目的。

委内瑞拉迪纳科—阿纳科高速铁路

中国高速铁路发展迅猛，现在运营里程已跃居全球第一，并研发出全球速度最快的铁路机车。低廉的建设成本及成熟的高铁技术，使得中国成为全球高铁承建的强有力竞争者。中国高铁"走出去"，不仅仅是自身发展的需要，更能为世界铁路发展注入新的"血液"和活力，推进世界铁路发展与进步，让更多国家和地区特别是发展中国家和地区在更短时间内享受到高速铁路的优质服务。

世界高铁发展的三次浪潮

高速铁路是指通过改造原有线路（直线化、轨距标准化），使营运速率达到每小时200千米以上；或者专门修建新的"高速新线"，使营运速率达到每小时250千米以上的铁路系统。从广义的角度来看，高速铁路既包括传统的轮轨技术高速轨道运输系统，也包括磁悬浮技术高速轨道运输系统。轮轨技术高速轨道运输系统是当前的热点和主流，包括日本、德国、法国以及中国在内的大部分国家，主力发展的都是轮轨技术高速轨道运输系统，即高速轮轨。

从1825年英国修建世界第一条公共服务铁路算起，至今铁路已有近200年的发展史。在20世纪40年代前的100多年中，铁路以其运量大、能耗低、全天候等技术特征而被全世界广泛推崇，同时也作为陆路运输的"老大"在各种运输方式中占据绝对主导的地位。20世纪40年代后，随着汽车技术的不断改进、高速公路的大量建成以及民用航空的快速发展，被看作是"夕阳产业"的铁路进入了全面的衰退时期。直到1964年，世界第一条高速铁路——

日本新干线建成通车，铁路发展再次成为世界关注的热点。高速铁路以其安全、快速、准时、舒适、节能、污染少等方面的显著优势，博得社会大众广泛支持和欢迎，引领了当今世界铁路发展的二次繁荣。

世界高速铁路的发展，大体上经历了三次大的建设浪潮。第一次浪潮即高速铁路的起步发展阶段，是在20世纪50年代末至90年代初；第二次浪潮即高速铁路在欧洲的大发展阶段，是在20世纪90年代初至90年代末；第三次浪潮即高速铁路在世界范围的大发展阶段，始于20世纪90年代末，至今仍将持续。

第一次浪潮：彻底改变铁路"夕阳产业"负面形象

1959年4月，日本正式开始修建世界第一条真正意义上的高速铁路——东海道新干线，于1964年10月1日建成通车。东海道新干线始于东京，途经名古屋、京都等主要城市，终于大阪，全长515.4千米，运营速度高达210千米/小时。新干线的投入运营吸引了大批旅客乘坐，年运输量达1.2亿人次，使包括东京、名古屋、大阪等大城市在内的东海道地区原本十分紧张的旅客运输状况得到了明显改观，也取得了预期的经济效益，用了不到7年的时间就偿还了修建时所花费的费用及利息，震惊了全球铁路业界。1972年，日本又建成运营了新大阪站至博多站的山阳新干线，1982年又建成运营了东京至盛冈的上越新干线。

1978年，法国第一条高速铁路——巴黎至里昂的东南TGV（"高速列车"的法文缩写）线建成并投入运营；1989年又建成通车了巴黎至勒芒、图尔的大西洋TGV线。1987年，德国建成第一条高速铁路汉诺威至维尔茨堡的ICE（英语"Inter City Express"的缩写，译为城际特快列车）线。

以日本为首的第一代高速铁路的建成，大幅缩短了人们交流交往的时空距离，极大地促进了区域经济特别是铁路沿线地区经济的快速发展，带动了房地产、工业机械、钢铁、冶金等相关产业的全面进步。与此同时，随着高速铁路的出现，曾经一落千丈的铁路市场份额大幅回升，铁路运输企业的经济效益明显好转，铁路"夕阳产业"的负面形象彻底改观。据统计，法国巴黎至里昂的TGV线在投入运营的第二年净盈余便实现正增长，投资回报率超过12%。

第二次浪潮：欧洲大陆掀起建设高潮

随着高速铁路的快速发展以及技术的不断进步，高速铁路的多方面优势日益显现，欧洲一些土地资源较为稀缺的发达国家，如法国、德国、意大利、西班牙、比利时、荷兰、瑞典、英国等，修建高速铁路的热情进一步高涨，大部分国家都致力于大规模修建本国或跨国界高速铁路，逐步形成覆盖欧洲的高速铁路网络。据不完全统计，仅1992年至1997年，法国、德国、西班牙、意大利等欧洲主要国家新建成并投入运营的高速铁路里程就超过3400千米。在这一时期，世界高速铁路在技术层面也有了新的突破，高速铁路系统的整体性能得到提高，法国的TGV在1990年5月以515千米的时速创造了世界铁路运行速度新的历史纪录。高速铁路在欧洲大陆掀起的建设高潮，不仅仅是铁路自身发展以及提高内部效益水平的需要，更反映出了国家和地区能源、环境等方面的综合要求。

第三次浪潮：在全球范围快速发展

20世纪90年代末以后，高速铁路所带来的巨大经济效益和社会效益，使高速铁路的建设与发展在国际社会的更广层面上得到认可。这一时期，再次以亚洲地区为代表（包括韩国、中国台湾、中国大陆），掀起了新一轮的高速铁路建设高潮。2004年4月，韩国第一条高速铁路KTX（英文"Korea Train Express"的缩写，译为韩国高速铁路）建成通车；2006年1月，中国台湾第一条高速铁路投入运营；2008年8月，中国大陆第一条真正意义上的高速铁路正式开通。以中国为代表的高速铁路的迅速发展，将世界高速铁路的发展推向了一个新的历史高潮。

在中国高速铁路蓬勃发展的激励下，美国、俄罗斯、澳大利亚、沙特阿拉伯、巴西等国家纷纷制定了规模空前的高速铁路发展计划。特别是包括法国、西班牙等"高铁元老"在内的欧洲国家，也再一次显示出加速发展高速铁路的雄心壮志。可以预见，未来10至20年将会是全球高速铁路发展的一个黄金时期。高速铁路在全球范围内的快速发展也对国际社会彼此之间的进一步深度交流与合作提出了更高要求，以增强高速铁路在经济、技术、效率等方面的创新与保障能力。

中国高铁"走出去"

"中国高铁"现已成为我国乃至世界谈论的热点话题。随着2010年10月26日沪杭高铁的通车，我国高速铁路营业里程已经突破7400千米，位居世界第一位，在建规模达到1万千米以上，已成为世界上高速铁路发展最快、系统技术最全、集成能力最强、运营里程最长、运营速度最高、在建规模最大的国家。从2004年做出引进德国和法国等国外高速列车的决定，到2008年8月1日京津城际铁路的开通，我国用短短5年的时间走完了国际社会高速铁路近半个世纪的发展历程，正在从"引进、消化、吸收"的起步阶段，跨入向外输出、引领世界高铁发展新潮流的"中国时代"。

有人将高速铁路比作是经济社会产业部类的"集大成者"，的确如此，高速铁路不仅是铁路系统中的"尖端领袖"和"先锋代表"，更是其所涉及和涵盖的关联产业高新技术与传统技术的"广泛集合"。我国高速铁路的快速发展推动了铁路乃至整个综合运输体系技术水平与服务能级的全面提升，大幅缩短了区域之间的时空距离，改善了人们的出行条件，带动了沿线城市和地区的经济发展，提升了全社会的整体效率。更重要的是，有着广袤关联产业链的中国高速铁路的快速发展所引发的"引进来、走出去"的技术交流与市场开拓需求，更是加速了我国整个产业体系与国际社会先进技术水平的深度合作，在推动我国战略性新兴产业全面成长、促进我国产业体系整体技术改进升级乃至经济发展方式的转变、改变我国传统的低端层面的国际竞争模式、提升我国参与国际经济活动的综合实力、加强国际间经济交流与合作、重塑国际产业分工新格局等方面，都具有十分重要的战略意义。

近年来，我国在境外承揽的铁路项目涉及50多个国家和地区，合同金额逾260亿美元；铁路装备已出口亚洲、非洲、澳洲和美洲的30多个国家。在未来新一轮国际竞争与合作的浪潮中，有着显著集成优势、技术优势、成本优势的"中国高铁"，顺势而上，加强合作，在"引进来"的同时，全面"走出去"。中国高铁的"走出去"，已不是传统低端层面的劳务输出、初级产品输出、半成品输出以及"贴牌"成品的输出，而是真正高端领域的全面合作。

南美洲第一条高速铁路

委内瑞拉迪纳科—阿纳科高速铁路（以下简称迪阿高铁）由中国铁路工程总公司（以下简称中铁公司）总承包，全长471.5千米，横贯委内瑞拉北部科赫德斯、瓜里科、阿拉瓜和安索阿特吉4个州，为双线电气化铁路。建成的迪阿高铁将是南美洲第一条高速铁路。

一开始，委内瑞拉决定修建高铁，找的并不是中国，因为他们对中国的建设水平不太信任，认为欧洲会比中国强，结果意大利人在委内瑞拉修建了4年，只铺路10千米。于是委内瑞拉才回过头和中国合作。签合同时，委内瑞拉还规定，工程设备和机车必须是欧洲输入。但随着近年中国高速铁路里程达到世界第一、速度达到世界第一，对合同进行了修改，全部采用中国标准和中国材料。

迪阿高铁由中铁公司负责工程的设计、采购和施工。同时中铁还和委内瑞拉铁路局成立了货车车辆组装厂、轨枕生产厂、道岔组装厂和钢轨焊接厂共4个合资工厂，中方将对委方进行技术转让。项目采用中国的技术标准，主要工程材料、机车车辆、工程设备和施工设备均从中国进口，项目合同总金额75亿美元。这是委内瑞拉在非石油领域签署的金额最高的一项合同。项目从中委联合融资基金获得融资。

为了做好采购招标工作，中铁委内瑞拉分公司专门组织专题设计小组，前往调查委内瑞拉的既有铁路运输能力、电力供应情况，道路、桥梁以及港口的吊装能力等等。

2009年12月16日，由中铁股份有限公司承建的委内瑞拉北部平原铁路工程项目，在我国境内采购的首批物资设备在天津港装船起航。这批物资设备总价5亿元人民币，主要包括603套施工机械和4万平方米活动板房等。供应商包括陕西汽车集团有限责任公司、徐州工程机械集团有限公司、三一重工股份有限公司、中联重工科技发展股份有限公司、山推工程机械股份有限公司、山河智能机械股份有限公司等国内企业。这份难得的国际订单，对于中国工程机械企业开拓南美乃至全球市场都具有重大的意义。实施"走出去"战略，不仅是中铁一个企业的成功，它还将带领我国铁路、建筑、机械和材料生产企业共同挺进国际市场。

这一次的迪阿高铁项目为国内建筑材料、建筑机械、铁路机车、配套器具及海运等多个产业带来了上百亿市场订单。该项目一期工程所需的5万吨钢轨全部由攀钢集团有限公司提供。

当然，这项工程对委内瑞拉本身也是有极大经济效益的。首先，在工程开工以后，创造了数千个直接就业岗位和间接就业岗位；而铁路建成后每年可运送580万乘客和980万吨货物；工程完工后将与其他铁路线形成网络，最终实现委内瑞拉建设13600千米长、贯通东西南北的铁路网的目标。

通过迪阿高铁项目，委内瑞拉充分认识到中国在高铁方面的高超水准，在委内瑞拉2030年前修建13000千米铁路的计划中，中国已经成为首选合作对象。

摩洛哥伊米塔努特—阿加那高速公路

2012年5月，中国电力建设集团有限公司（以下简称电建）承建、中国水利水电第五工程局有限公司（以下简称水电五局）实施的摩洛哥"南北大通道"伊米塔努特—阿加那段高速公路（以下简称伊阿高速公路）建设项目，收到了由摩洛哥国家高速公路公司发来的"竣工验收证"，至此，伊阿高速公路建设画上了圆满的句号，它成为国外公司在摩洛哥片区的首个竣工验收项目。

摩洛哥的交通

摩洛哥地处非洲西北部，其东部与阿尔及利亚接壤，西部濒临大西洋，并向北隔直布罗陀海峡和地中海与葡萄牙、西班牙相望，自古就是连接非洲与欧洲的交通要道。

尽管经济比较落后，但因为地缘的关系，摩洛哥的交通还是比较发达的。在铁路方面，摩洛哥投入运营线路1907千米，其中复线483千米，电气化铁路1014千米，另有765千米磷酸盐运输线。2003年，摩洛哥与西班牙达成协议，两国共同修建一条穿过直布罗陀海峡的海底复线铁路。它是连接欧、非两大洲的首条铁路线。

相比于铁路而言，摩洛哥近几年更加重视高速公路的建设，更期望拥有一个完善的高速公路网。纵看摩洛哥这几年在大型基础设施建设方面的投入，高速公路建设是其投资最大的领域。

摩洛哥自1999年以来，经济建设经历了停滞、恢复、开始较快发展的三个阶段。分别是1999—2002年为下降、停滞阶段，2003—2004年为恢复发展阶段，2005年以后为较快速发展阶段。而2005年以后经济生活的景气，成了摩洛哥建设高速公路网的坚强后盾。摩洛哥为此制定了一个全国乡村公路10年计划（2005—2015），计划每年新建1500千米公路，届时将使全国80%的农村地区通公路。

为了完成这个计划，摩洛哥政府采取了一些措施。在资金上，要完成1500千米乡村公路建设，每年大约需要10亿迪拉姆（摩洛哥流通货币，1迪拉姆约为人民币0.8元）的资金投入，这些资金将分别由道路专项基金、道路投资银行和地方财政支出。但摩洛哥每年可以落实的只有5亿迪拉姆资金，还有一半的资金缺口需要国际投资。摩洛哥政府希望世界银行、非洲发展银行、阿拉伯发展银行、欧洲投资银行等国际金融机构及有关国家对该计划给予支持，并积极选择项目，进行投资。

在管理上，摩洛哥将高速公路网络建设的全部业务归属到摩洛哥国家高速公路公司。摩洛哥国家高速公路公司是摩洛哥装备运输部的直属股份制企业，董事长由装备运输大臣兼任。公司主要从事高速公路的建设、维护和经营。从2005年1月起，摩洛哥高速公路公司还加入了欧洲高速公路管理运营协会。

目前，摩洛哥有高速公路1416千米，已投资380亿迪拉姆，到2015年之前，计划将再建设384千米的高速公路，投资150亿迪拉姆。加之正在拓宽的拉巴特—卡萨高速公路（60千米），届时，摩洛哥全国高速公路网将达1820千米，摩洛哥的高速公路将贯通南北，连接西东，在摩洛哥国家经济建设中发挥重大作用。

近年来，摩洛哥高速公路建设速度从40千米提高到160千米，正在施工的项目有拉巴特绕城公路（41千米）、拜赖希德—贝尼梅拉公路（172千米）、提特迈利勒—拜莱希德公路（30千米）。中国公司参加了上述路段的建设。

充满艰辛的修建之路

伊阿高速公路段于2007年2月15日开工建设，是中国公司在摩洛哥承建的第一条高速公路，同时也是公认为摩洛哥公路修建史上建设难度最大的一段高速公路。该线路位于著名旅游城市马拉喀什至海滨城市阿加迪尔之间，是纵贯摩洛哥南北交通干线的重要区段。中国海运总公司和葡萄牙公司、土耳其公司共同承担了斜穿阿特拉斯山脉的区段。其中，中国公司的45千米施工区域，最高挖方140多米，最高填方40多米，挖填方共计5600立方米以上，总造价1.9亿美元，系全长200多千米施工线上难度最大的区段。

以R7填筑工程为例。R7填筑是所有路基施工比较有代表性的工程，总量达80万立方米，要跨汽车下通道、箱涵、拱涵，技术区填方、高填方、普通填方，一应俱全。项目部也是高度重视，从测量控制、设备配置、施工人员的选择、填筑料源质量的监控，以及施工过程的每道工序、检测程序都严格把关，以确保质量。为了确保填筑料源质量，项目部甚至不惜放弃附近开挖区料场的材料，增加一倍运距爬坡下坎地到远处选取材料，保证了填筑料源质量万无一失。

D15开挖区的施工同样充满艰辛。设计方量约240万立方米石方开挖的D15区，背山临河，陡峭险峻，场面狭小，摩洛哥南北电力大动脉就在开挖区垂直下方，电线塔、高压线、中压线穿梭林立，安全隐患影响爆破装药，加之因岩石节理裂隙发育，爆破效果奇差，孤石遍地，出渣路陡峭蜿蜒，开挖效率极低。因地质勘探不准，设计有误，其间多次塌方，项目部不得一次又一次停工等待处理方案，一次又一次重新修路返工处理。

伊阿高速修建中有一个至关重要的工程，即三座大桥T梁的吊装问题。三座大桥中PK47、PK52大桥分别为1跨，PK34大桥9跨，每跨架设T梁8片，合计88片。每跨跨度为40米，每片T梁长39.9米、高2.1米，重105吨。T梁在大桥旁500米处的预制厂内预制，通过架梁机将T梁放到桥墩上，然后进行桥面浇筑、T梁张拉等施工程序。大桥T梁架设按原设计要求，进行预应力钢绞线两次张拉。第一次钢绞线在架梁前完成张拉；第二次需要在桥面板完成混凝土浇筑后再进行张拉，且在混凝土强度达到35兆帕才能张拉。这样所花的时间长，生产成本也高。并且T梁架设高度要求误差不得超过2厘米。PK34大桥越架T梁运送距离远，给运送T梁造成了非常大的困难。项目部面临大桥施工工期紧，任务重的困难，大桥施工工期将直接影响到整体路面通车。项目组为此专门召开大桥施工专题会。讨论对大桥T梁预应力钢绞线张拉工序的改进。通过用大型有限元结构分析程序Midas进行分析，在架设T梁前对整个T梁的钢绞线一次性张拉，工程质量不受任何影响。这样可加快工程进度，又可降低生产成本。于是，每跨桥面板施工工期减少了7至10天，节约了大量时间，简便快捷，为沥青摊铺预创造了时间，确保该工程按期通车。

2010年7月，摩洛哥伊阿高速公路全线通车。工程用时仅42个月零23天，创造了一个奇迹，受到摩洛哥社会各界的高度好评，树立了中国公司诚信履约的良好形象。

为摩国修建更多的高速公路

伊阿高速公路项目还为中国开拓摩洛哥市场搭建了平台，依托伊阿高速公路项目，中国在摩洛哥公路市场中标建设了多个高速公路项目。

摩洛哥东西向高速公路全长300余千米，采用国际招标的方式，分别由中国、意大利、西班牙、葡萄牙、土耳其及摩洛哥本土公司负责建设。其中由水电五局承建的塔乌3.3标段和4.1标段于2008年4月28日开工，工程全长65.88千米。

2010年2月27日，由中国水电五局承建的摩洛哥塔乌高速4.1标段全部完成沥青混凝土摊铺施工，成为摩洛哥东西高速公路近10余个标段中，第一家完成沥青混凝土摊铺的施工单位，也是全线在2010年唯一一家完成沥青路面摊铺和实现年度合同节点目标的施工单位，创造了摩洛哥高速公路建设史上的奇迹。该工程受到摩洛哥高速公路管理局和中国驻摩洛哥大使馆经参处的高度赞扬，摩方还要求各参建施工单位到水电五局塔乌项目参观学习。

2012年12月15日，经过中国水电五局摩洛哥塔贝项目部广大员工960个日夜拼搏，摩洛哥塔贝高速公路如期实现了竣工目标。这是水电五局继伊阿高速、东西高速之后在该国建成的第三条高速公路。

摩洛哥塔贝高速公路是拜赖希德—贝尼梅拉高速公路第五标段，地处阿特拉斯山脉以北，全长21.9千米，全线包含4座箱涵、17座上通道、1座立交、1座车行通道、3座大桥，中标金额67404.76万元人民币，建成后是拜赖希德至贝尼梅拉的重要通道。

自中国公司中标承建塔贝高速公路工程以来，先后克服了工期比其他标段少4个月，施工图纸错误多，业主征地滞后，诸多节假日、雨季施工导致主体工程停滞等困难。为确保塔贝高速的施工进度，项目部采取了一系列措施。在整个施工过程中，该项目部科学组织、合理安排、优化资源配置，充分发挥广大员工的主观能动性，和当地政府密切沟通和联系，将施工过程所遇到的阻力降到最小，保证了项目施工的进度。中国公司在拜赖希德—贝尼梅拉高速公路五个标段中成为施工领跑者，各项施工均走在全线最前，是监理验收其他标段施工的样板。无论在施工管理、施工质量还是施工进度上都受到了当地政府及业主、监理单位的认可和好评，为中国公司在摩洛哥高速公路领域，树立了重信誉的良好形象。

昆曼公路

假如从新加坡至曼谷到昆明至北京间有良好的公路网络，那么这条南北经济走廊将降低中国到马来半岛末端间的运输成本，增加人员、车辆和货物流动的方便程度，扩大中国与湄公河区域及至更远地方之间的贸易。2008年3月，这条贯穿中国、老挝、泰国，把东南亚各国联系在一起的国际大通道终于全线贯通，这个南北互动的经济动脉的设想终于实现了。

寻找一个出海口

1992年10月，首届大湄公河次区域经济合作会议在菲律宾首都马尼拉召开。中国代表团云南代表在这次会议上提出了一个"1-2-1"合作建议。其主要内容是由亚洲开发银行牵头，以交通、能源合作为基础，建设一条铁路、两条公路和一个机场。其中，"两条公路"中的一条，即起自昆明，终于曼谷，连接东南亚诸国的国际大通道。按照中国以起止地名首字组合给公路命名的习惯，这条公路被定名为"昆曼公路"。中国意见受到与会各方积极回应。于是"1-2-1"合作建议随后被编入亚洲开发银行正式文件，昆曼公路项目编号为"R3"。

云南之所以提出这么一个国际方案，背后是云南省乃至整个西南地区寻找出海口、追赶东部沿海发达地区的迫切愿望。曾有云南学者这样分析出海口对西南地区的重要性："我们不可能让东部放慢脚步等一等，只能是让西部以超常规速度发展。但是目前对于西部来说，最大的困难是，里面的东西运不出去，外面的东西运不进来。说到底就是没有一个出海口。西部落后，就落后在地理上的封闭。"

昆曼公路并不是云南寻找出海口的第一次努力了。早在1990年12月至1993年4月，南宁至昆明铁路广西、云南、贵州段相继开工。南昆铁路将昆明与北部湾沿岸的防城港、北海港和钦州港联系在一起，被云南列为"通边达海"战略的组成部分。不过，这条号称西南地区历史上最便捷的出海通道，并不能满足往来日益频繁的商贸要求。如果云南和东南亚之间的进出口物资要通过广西、广东，甚至上海出港，从发货到收货有时就要半个月，这多少有点舍近求远。所以这并不是一个理想的出海口。

在1994年4月举行的第三届大湄公河次区域经济合作会议上，云南代表除继续表达有关昆曼公路的意见外，还另外提出50多个交通合作项目。其中，昆明至河内公路、铁路，元江红河疏浚通航，昆明至缅甸腊戍铁路等项目，无不包含经由滨海国家直达南太平洋或者东印度洋的希望。

多一个出海口，对云南未来的发展非常重要。云南寻找境外出海口的实质，是探索对外开放的突破口，而其背后则是中央政府的大力支持。中国实行改革开放政策后，经由西太平洋出海是整个中国走向世界的主要通道。随着20世纪末中南半岛各国陆续结束战乱和分裂，中国和东盟地区的合作逐渐增强，官方和民间的不少人士也希望在印度洋和靠近印度洋的方向寻找出海通道，这被学界称为"两洋战略"。

云南在经济发展构想中对中南半岛寄予厚望，另一个层次的考虑是地理位置上的毗邻关系。但是多年来的数据显示，云南与东盟一些国家的外贸进出口总额，尚不足整个中国与这些国家贸易总额的零头。如果云南不能改善与接壤国家的道路通行条件，区位优势便无从发挥。

三国四方共修路

修桥铺路的首要难题是资金，就昆曼公路来说，更大的困难还在于需填补国外的缺口。昆曼公路一共通过三个国家，中国、老挝、泰国。而这三个国家中，老挝的实力最弱，没有能力修建这条公路。一定要修，那必须在中泰的支援下修。在昆曼公路的终点，泰国人提起这条国际大通道，第一反应通常是从磨丁到会晒、全长247千米的老挝段。也有人说，"我们毫不怀疑中泰两国具备修筑公路的实力，不确定因素主要集中在中部"。类似这样的担忧不无道理。事实上，昆曼公路老挝段从开始建设到完工只用了不到4年，但是从1992年提出构想到2004年4月开工，却过去了将近12年。

2000年之前，昆曼公路建设的基本框架是中、老、泰三国各自完成境内路段，亚洲开发银行负责协调统一标准和跨境问题的技术援助。老挝政府为筹措资金，采取向外商转让沿路开发权的办法对公路进行升级改造。但在亚洲金融危机的冲击下，原本承建这条公路的泰国公司遭遇资金困难，2003年前后完成建设的目标化为泡影。

2001年11月，中国、老挝、泰国和亚洲开发银行在泰国曼谷达成三国四方协议，即由中、老、泰三国共同出资建设昆曼公路老挝段，亚洲开发银行向老挝政府提供贷款解决老挝负责路段的资金来源。中国政府最后确认的出资总额约为3000万美元，其他两国的数字与此相当。这一合作框架，在中、泰两国称为"国际援助"，在老挝则被称为"国际合作"。

2004年4月，昆曼公路老挝段中方承建路段率先开工，两个月后，老、泰承建路段先后动工。此后经过4年的建设，昆曼公路终于于2008年3月全线贯通。如果不考虑通关等因素，单纯以两端距离除以行驶时速，从昆明到曼谷所需时间从过去的48小时缩短为现在的24小时。

昆曼公路是多国间通力合作的成果，它贯穿中国、泰国和老挝，全长1800多千米。东起中国昆明玉溪，止于泰国曼谷。全线由中国境内段、老挝段和泰国境内段组成。中国境内云南段由昆明起至磨憨口岸止为827千米；出中国境后由老挝磨丁至会晒止，全长247千米为老挝段；由老挝会晒跨过湄公河进入泰国边境城市清孔后，由清孔至曼谷全长813千米，为泰国段。全部路段均设计为高速公路，并连接马来西亚、新加坡公路网。建成后的昆曼公路是亚洲公路网的一段，它将连接起整个亚洲。

现在昆曼公路是亚洲公路网编号为AH3公路中的一段。AH3从昆明到贵阳、湘潭、南昌、杭州，直达上海。整个亚洲公路网就像一组大动脉，它全长14万千米，贯穿亚洲32个国家。值得一提的是，目前亚洲公路网的总投资已经超过260亿美元，83％的路段已经竣工。中国境内的2.5万千米路网，96％以上已经修通。而且中国与越南、中国与缅甸、越南与柬埔寨等多条公路也在修建之中，亚洲公路网这条经济大动脉正在不断延伸。

政策通道同样重要

昆曼公路的建成通车是一件振奋人心的大事，人们称它是"一线"连三国。这条"线"从规划时起，就承载着太多的希望。有专家预计，昆曼大通道建成通车后，每天将有2000辆平均载货量达到20吨的大货车不分昼夜地飞奔，每年的过货量总值将超过4000亿美元。

然而，通车一年后，昆曼公路却并没有像媒体宣传的那样，出现车水马龙的境况。事实上，在昆曼公路老挝段，车流量相当有限。

是什么原因导致这条期盼已久的大通道被如此冷落了呢？根据从事东南亚贸易的商人反映，昆曼公路虽然只有1800多千米的路途，但要走完则至少需要5天，甚至更多。看来通行时间也不能简单地用距离除以时速。使得这条路通行缓慢的原因在于，跨国运输就必须要报关。根据海关的规定，物流公司的货车出境报关，必须在磨憨当地有分支机构，如果没有，海关就不放行。而老挝海关周末休息，一天只有几个小时的工作时间。同时，磨憨是刚刚成立的物流口岸，相关机制尚待完善，有时需要排长队等通关，而这就意味着货物可能会被耽搁，价格成本升高。此外，在国外还会碰到报关费、道路通车条件差等困难。而在老挝方面，他们的商人则反映中国对老挝开放程度不够："中国汽车通关后可以驶入老挝任何地方，老挝汽车进入中国只能在边境附近活动。"

分析这种现象，亚洲开发银行曾在其官方文件中论述说："大湄公河次区域各国政府认为，对于加强次区域六国之间的连通性，次区域的硬件基础设施建设仅是一个必要的条件，但并不仅限于此。"因此，减少非关税壁垒、增加效率、减少成本、提高次区域交通基础设施的经济效益，对于客货的跨境流动同样重要。这在大湄公河次区域交通走廊向经济走廊转变的过程中是关键的因素。

看来除了改善运输通道通行条件之外，打通各国政策通道显得同样重要。这显然不是一个一蹴而就的过程。但回顾昆曼公路的历史，可以提供人们以经验和信心。将近16年的漫长谈判和建设过程、三国四方的国际合作框架、金融危机下的守望相助，已经展现了次区域各国的友善和谅解。云南对外开放的迫切愿望，中国走近东盟的国际战略，以及东南亚国家的利益诉求，都在一定程度上得到了尊重和实现。而1992年以来，次区域内部10倍以上的出口增长，则昭示着未来的希望。相信假以时日，以昆曼公路为核心形成的南北经济走廊，一定能恰如其分地体现着亚洲开发银行在制定大湄公河次区域规划中重点关注的三大愿望——加强连通性，提高竞争力，增强共同体意识。

中石油苏丹石油项目

　　苏丹拥有丰富的资源，但长久以来，由于经济落后，这些资源一直没有得到合理的开发。不过随着1999年下半年第一船原油出口，苏丹经济发生了结构性的变化。2001年石油出口收入占到出口总额的78%，达到12.16亿美元。苏丹不再每年耗费上亿美元进口石油产品，多年来的贸易逆差变为顺差，外国投资开始流入。苏丹经济结束了多年的恶化，开始出现转机。而在苏丹石油化工事业的崛起中，中国起到了非常重要的作用。

积极参与苏丹石油开发

　　苏丹石油资源丰富，已探明石油地质储量116亿桶，天然气储量为800多亿立方米。但是作为世界上最贫穷的国家之一，在资金和技术都缺乏的情况下，苏丹没有办法自己开发本国的石油资源。一直以来，苏丹都依靠外资公司开采石油，像20世纪50年代意大利阿吉普公司、英荷壳牌公司都曾在苏丹北部进行过勘探。20世纪60年代初，美国雪佛龙石油公司进入苏丹，1976年在苏丹港附近苏阿金发现天然气田；在苏丹南部班提乌和马拉卡尔发现了几个大型油田，探明了1.8亿吨石油储量；并在其他地方发现一些中小油田。1992年，海湾战争爆发，美国对苏丹实行全面制裁，雪佛龙公司不得不远离这一资源宝库。进入21世纪后，在中国石油天然气集团公司（以下简称中石油）等跨国公司的帮助下，苏丹石油开采业迅速崛起。

　　1995年9月，苏丹总统奥马尔·巴希尔访华，期间他提出希望中国公司到苏丹勘探开发石油，帮助苏丹建立自己的石油工业。我国当即表示支持，很快中石油集团便与苏丹政府签订了6区（苏丹的石油分布有1至8个分区）

石油合同，第一口探井即获高产油量，进一步证实苏丹具有良好的石油勘探前景。与此同时，中油集团还参与1/2/4区（黑格里格、团结和基康油田）石油项目。

为分散投资风险，中石油集团采用了与其他外国石油公司联合投资的方式对该区进行投标。在中苏两国政府大力支持下，1996年11月，苏丹政府同意由中石油集团控股40%，牵头组建国际石油投资集团，联合开发1/2/4区石油资源。与中石油合作的三家外国石油公司分别是马来西亚国家石油公司（占30%股份）、加拿大塔利斯曼公司（25%）和苏丹国家石油公司（5%）。1997年3月，参股者共同与苏丹能矿部签订了1/2/4区石油合同和油田至苏丹港原油长输管道建设协议。参股者还联合组建了新的石油作业公司——大尼罗河石油作业公司。作业公司按国际石油公司模式管理，按国际标准组织作业。中石油集团从全国各油田选拔100多名思想作风好、曾在国外学习或工作过的业务骨干，进入联合作业公司，与其他参股者派出人员一道工作。公司、总裁由中方派任，中方人员在联合作业公司中发挥了主力军的作用。

1/2/4区为苏丹主产油田，位于苏丹中南部穆格莱德盆地，合同勘探开发区由三个勘探区（1A，2A，4）及两个开发区（1B，2B）组成，面积为48388平方千米。该区西北部与6区连接，南部则与5A区连接。1996年8月9日，1/2/4区石油项目启动，先后发现了8个油田和38个油藏，落实圈闭资源量近40亿桶。新增石油地质储量16.67亿桶，可采储量4.49亿桶，使该区累计可采储量达到8.51亿桶。储量发现超过了原雪佛龙、加拿大公司在该区近20年的勘探成果。新增储量单位成本仅为0.94美元/吨，远远低于国际3.5美元/吨的平均水平。一期产能建设仅用了1年的时间，建成了1000万吨大型油田及配套设施。2001年产油达1130万吨，相当于我国第三大油田辽河油田的年产量。

1998年5月，黑格里格油田至苏丹港管道工程开始施工，仅用了11个月时间，于1999年4月机械完工，建成了一条贯穿苏丹南北长1506千米28英寸的长输管线及末站终端系统。该管道始于苏丹中南部的黑格里格油田，经喀土穆直达苏丹港，年输油能力1250万吨原油，是苏丹原油输送的生命线。1999年6月22日，1/2/4区的油田投产，原油进入长输管道，8月31日，第一船原油进入国际市场销售，从而结束了苏丹进口原油的历史。

开发顺利进行

苏丹油田位于热带地区，旱季高温酷暑，气温高达48℃，雨季连降暴雨，地面积水，时有热带病流行，长输管道还要穿越尼罗河，通过北方沙漠和红海山区，自然环境恶劣，作业条件十分艰苦。不少欧美石油公司认为，这样的大型工程只有西方有实力的工程公司才能承担，中国人承担不了。然而中石油在施工中采用了先进的施工机具，精心组织，严格按国际标准作业，质量和速度均达到了国际石油工程建设的先进水平，充分显示了中国石油工程施工技术和实力。苏丹油田的开发也一直在红红火火地进行着。

4区（基康油田）于2002年初获得重大油气发现。初步估算，该井控制石油地质储量8000万~1.5亿桶。该井的成功发现不仅标志着4区勘探的良好开端，而且为4区勘探的突破打开了一个崭新的领域。

1/2区（团结油田和黑格里格油田）于2002年3月21日产量再创新高，达到275075桶/天。2002年第一季度，1/2/4区产量比去年同期增长17%，随着新油井的建立和管道输送能力的提高，预计在今后几年里日产将达到30万~40万桶。

6区位于穆格莱德盆地西北部，是中石油在苏丹的独资项目，享受我国政府优惠贷款（1亿元人民币）。根据双方协议，6区项目勘探期为1996年1月—2002年12月。计划建成300万—500万吨的年生产能力，建成300千米20英寸输油管线，通往奥拜伊德炼油厂。

3/7区位于苏丹东部地区，面积7.14万平方千米，工区主体位于上尼罗河省，东距1/2/4区370千米，北距首都喀土穆约730千米。2000年7月，苏丹政府对Melut公司（加拿大弗斯特资源公司控股的子公司）46%股份对外招标，中石油和阿联酋Thani公司中标。2000年11月11日，四家合作伙伴与苏丹政府签订3/7区石油分成协议备忘录，股份分配为海湾石油公司46%、中石油41%、Thani公司5%、苏丹石油公司8%。2001年9月1日和9月30日，四家参股者分别签订了联合作业协议和股东协议，组建了石油作业公司，登记注册为Petro Dar Operating Company（简称PDOC），负责项目的建设作业和运行管理，中方代表出任PDOC公司总裁。我外经贸部提供了4亿元人民币优惠贷款，使得3/7区石油项目得以顺利启动。

丰厚的回报

苏丹是我国对非洲直接投资的重点国家之一，也是我国对非洲投资最多的国家。就石油开采而言，1995年始，中国在苏丹的石油投资已经超过70亿美元，不少人认为这个投资太大了，担心成本收回问题，然而中石油苏丹石油项目却用事实证明了：苏丹石油项目不仅能够收回成本，而且回报还相当丰厚。

苏丹油田单井日产量达220~300吨，油田集输和长输管道采用先进工艺和自控系统，大大降低了油田操作运营成本，每桶原油的操作成本仅0.8美元，管道输油操作费1美元。作业公司包括后勤支持系统在内仅有800人（其中现场管理和操作人员约400人），人均年产值高达170万美元；炼油厂年销售收入约5亿美元，管理和操作人员共600人（含苏丹培训人员200名），人均年产值85万美元。均达到国际同行业先进水平。

中石油在苏丹石油上游项目（1/2/4区和管道项目）总投资额17亿美元，其中中石油集团出资7.5亿美元（实际支付2.6亿美元，其余在国内以人民币支付）。项目投产后，每年可获由中方支配的分成油200万~240万吨，按每桶14美元的油价计算，投产后3年内即可收回全部投资。中方投资回收后的净收入可达12.9亿美元，投资回报率达17%以上。截至2001年底，1/2/4区累计生产原油1.69亿桶，中石油集团获份额油3618万桶，销售收入8.26亿美元，投资全部收回。

　　苏丹每年消费各类成品油200多万吨，为满足苏丹国内消费需求，中石油集团还与苏丹能矿部各出资50%，合资建设年加工原油250万吨的喀土穆炼油厂。炼油厂使用中国常压渣油催化裂化技术，全部装置在中国制造，并由中方总承包建设，投产后前8年以中方为主操作。炼油厂项目计划总投资总额6.4亿美元。按合资协议规定，项目建成投产后，苏丹政府用美元定额分月偿还中方投资本金、利息和投资回报，并以其出口原油的外汇收入作担保。炼油厂已于2000年5月投产，目前运行正常。从6月份起，中方已开始按合同规定回收投资。经测算，中方可在4年内回收全部投资，此后还将获得6.6亿美元的净收入，中方投资回报率在18%以上。

　　此外，中国还帮助苏丹建立了喀土穆石油化工厂。该厂于2001年2月28日开工建设，2002年1月第一次投产试车成功，是苏丹第一个石油化工项目。喀土穆石油化工厂投资2370万美元，年产1万5千吨4种规格的聚丙烯原料，不仅能满足苏丹本国的需求，还可向邻国出口，从此结束了苏丹进口聚丙烯的历史。喀土穆石油化工厂利用比邻的喀土穆炼油厂含有丙烯的石油液化气作原料，加工生产聚丙烯树脂（脂用于生产编织袋、包装薄膜、塑料绳、化纤地毯和塑料家用制品等）。喀土穆石油化工厂的投产，不仅使苏丹石油工业体系趋于完整，而且将带动苏丹塑料工业的发展。

　　苏丹石油项目大大带动了国内石油物资装备、技术和工程承包出口。由于在苏丹石油项目中中方是主要投资者，联合作业公司中中石油集团又占主导地位，因此在项目实施中优先使用了中国的石油技术和工程承包。上游项目中方工程承包额约9亿美元（实收到3.4亿美元，其余在国内以人民币结算），可获利润1亿多美元。炼油厂承包项目金额5.3亿美元（其中5亿美元在国内以人民币支付），也可获利1亿多美元。工程承包又带动了国产的机电产品出口，如长输管道的20万吨钢管用材由中国宝钢集团生产，由中石油集团四家管厂在国内卷制，使我国输油钢管首次打入国际市场。另外，国内的石油技术服务如钻井、物探、测井及试油，都参与了项目的技术服务承包。工程承包还带动了大量劳务出口，施工期间中方在苏丹施工人员超过6000人，在一定程度上缓解了国内石油企业下岗待业的压力。由于苏丹石油项目建设采用国际标准并使用国际第三方监理，这对我们转变观念、锻炼队伍、改进施工方法和提高施工质量起了重要作用。

阿布扎比原油管道

2012年7月15日，阿拉伯联合酋长国（以下简称阿联酋）重要战略性工程——阿布扎比原油管道项目投产。它是中东工程建设市场由中国石油总承包的陆海一体的重要管线。对阿联酋来说，这条管道的建成，使得其石油出口可以直接通过管道来到出海口，而不必经过霍尔木兹海峡；对中国来说，阿布扎比原油管道项目的建成，标志着我国进入欧美公司盘踞几十年的中东石油市场。无论对阿联酋还是中国来说，阿布扎比原油管道的意义都是重大的。

中东国家与石油

石油是一种埋藏在地壳上层的黏稠的、深褐色液体，其主要成分是烷烃。石油及其产品是世界上最重要的动力燃料与化工原料，且广泛用于生产和生活的各个方面，故也被称为"黑色金子"。

石油对现代社会和工业是如此重要，但世界上石油的蕴藏、生产和消费的地理分布却是极不平衡的。第二次世界大战前，北美洲的石油资源已被大量勘探和开采，那里占有当时世界石油探明储量的大部分，而亚洲、非洲和拉丁美洲（以下简称亚非拉）广大地区的石油资源基本上还处于未经勘探的状况。然而，近50年，随着石油勘探的发展，世界石油探明储量在地区分布上发生了很大的变化。20世纪60年代后，亚非拉地区探明的石油储量猛增，尤其是波斯湾地区，集中了世界石油探明储量的60%。于是这里一跃成了世界最大的石油输出地区，产量占世界石油总产量的1/3以上。该地区所产石油90%以上供出口，主要输往美国、日本和西欧，成为欧美西方国家重要的能源来源。

石油改变了世界格局，原来属于第三世界的中东国家因为其石油资源，在世界经济和政治舞台上开始扮演起举足轻重的角色。它们联合起来成立了石油输出国组织——欧佩克，统一和协调成员国的石油政策和价格。历史上两次石油危机和20世纪末油价大波动都是该组织引发的。尽管各成员国存在着不同的政治、经济和社会背景，但欧佩克能成功地将成员国团结在一起，实现"合作、稳定"的宗旨。1997年11月，由于亚洲金融危机造成石油需求下降，国际油价开始下滑，欧佩克被迫实施减产计划，有效地达到了市场的供需平衡，表明欧佩克有能力在稳定石油市场方面发挥重要作用。

中东主要的产油国家，如沙特阿拉伯、科威特、阿拉伯联合酋长国等，从石油出口中赚了很多的钱，成为富裕国家。

水与火的奋战

2008年11月底，阿布扎比国际石油投资公司以议标方式与中国石油工程建设公司（隶属于中国石油天然气集团公司）签订EPC（设计、采购、施工）总承包合同，项目总金额为32.9亿美元。阿布扎比原油管道项目是中国石油天然气集团公司（以下简称中石油）迄今为止最大的海外工程EPC总承包项目。

站场分部主要负责接收站热连接的33个连接点、首站两座阿联酋最大容积的16万立方米的缓冲罐、中间站、哈卜善油区至首站高架输变电线路等繁多项目的施工管理。面对如此宏大的工作场面，项目精心挑选了十几家分包商。中国石油工程建设公司第一建设公司负责站场机械、电气和仪表安装；管道局二分公司负责中间站1.5万平方米土建工程。这两家单位是中国石油工程建设公司的劲旅，是冲得上、打得赢的主要施工力量。

在此基础工程上，依据EPC工程的技术要求，他们大胆选择国际PULT分包商加以补充。其中16万立方米储罐工程以意大利BELLILE公司作为EPC分包商，罐区基础和土壤改良工程以法国Louis Menard公司作为分包商，首站土建工程建设选择的是当地有实力的ALAsab公司，场站钢结构工程分包商为

EBS公司，35千米的输变电线路工程选用业主指定的阿联酋当地NCC公司。这些公司都是业主认可的国际一流工程建设公司。

管线分部负责建设48英寸主管道、同沟敷设光缆、截断阀室等施工任务，以及设计和采办协调、施工组织和计划等相关工作。400千米管线沿途障碍物穿越数量众多，二级以上的公路及高速路穿越42条，三级及以下道路穿越150条，洼地穿越达169处等。

为保证管线施工的顺利实施，管线分部设立4个区段对现场施工直接监督管理。其中管道局二分公司承担的第一区段的施工，全部位于阿联酋的"油区"之内，总长度约97千米。油区施工的特别之处，就是各种施工活动都离不开许可。而取得许可通常要2至3个月时间。由于第一次在阿联酋作业，项目组起初对这一情况不了解，一度推进艰难。然而，严格的要求考验和锻炼了施工管理能力。在充分摸清和掌握油区对施工许可及HSE（健康、安全、环境）方面诸多要求的基础上，与业主、监理协商，将油区内的97千米管线划分为3个不同的小区，通过区域优化，降低办理许可的等级难度。规范有序的管理，逐渐得到回报。管线分部第一区段的线路施工安全无事故。第二区段也被授予"HSE最佳团队奖"。

终端分部地处阿联酋东部的富查伊酋长国。陆上终端设施包括8座阿联酋最大容积的16万立方米浮顶式原油储罐，海上设施有3个32万吨级单点系泊装置，约15千米海底管线深入印度洋，以保证最大级别油轮的安全装载。

阿联酋的自然环境一半是海水、一半是火焰。海水是美丽的阿拉伯湾，火焰是炎热荒芜的大沙漠。经过差不多4年的水与火的奋战，中石油与阿联酋石油阿布扎比原油管道项目第一船外输原油于2012年7月15日完成第一次装船。

绕过霍尔木兹

阿布扎比是中东重要的石油产区之一，整个阿联酋的石油储藏量，阿布扎比就占了90%以上。作为阿联酋重要战略性工程，阿布扎比原油管线项目从阿联酋西部主要油田哈卜善油田至东部富查伊拉港，管线总长424.22千米。其中，陆上管线总长约405.36千米，管径1219毫米；海上管线总长18.86千米，包括13.46千米海底管线。管线设计额定输油量为每日150万桶原油，原油经海上单点系泊装船，对阿联酋有重要的战略意义。而最大的意义就是原油出口可以不再依靠霍尔木兹海峡。

霍尔木兹海峡位于亚洲西南部，介于伊朗与阿拉伯半岛之间，东接阿曼湾，西连海湾（伊朗人称之为波斯湾，阿拉伯人称之为阿拉伯湾），呈"人"字形。由于是海湾与印度洋之间的必经之地，霍尔木兹海峡素有"海湾咽喉"之称，具有十分重要的战略和航运地位。

在陆地原油管道出现以前，中东海湾沿岸产油国的石油运输主要有三条线路。第一条：海湾—霍尔木兹海峡—阿拉伯海—（亚丁湾—曼德海峡—）红海—苏伊士运河—地中海—直布罗陀海峡—大西洋—西欧和美国；第二条：海湾—霍尔木兹海峡—印度洋—好望角—大西洋—西欧和美国；第三条：海湾—霍尔木兹海峡—印度洋—马六甲海峡—南海—太平洋—日本。可以看出霍尔木兹海峡是石油出口西欧、澳大利亚、日本和美国的唯一出口。事实上，霍尔木兹海峡一直承担着西方石油消费国60%的供应量，西方国家把霍尔木兹海峡视为"生命线"。

阿布扎比原油管道投产后，霍尔木兹海峡独霸一方的局面将会改变。

通过这条价值32.9亿美元、长400千米的原油管道，阿布扎比将可以经由富查伊拉出口原油，油轮将在富查伊拉装载阿布扎比原油，而不必多花费一天时间经由霍尔木兹海峡驶入海湾。该管道每日最多可输送180万桶原油，相当于阿联酋目前原油日产量的近60%。

几内亚西芒杜铁矿

铁矿石是钢铁生产的主要原材料。我国铁矿石资源虽然丰富，但是品位低且伴生矿产多，选矿困难，每年都需要从国外进口大量铁矿石以满足国内钢铁工业的快速发展。非洲的铁矿资源相当丰富，是我国今后重点投资的对象。目前我国在非洲已经投资了多个铁矿，其中几内亚西芒杜铁矿是最大的一个。非洲项目投产后，将显著增加铁矿石全球供应量，有效地缓解我国铁矿石供应紧张的局面，对提高我国铁矿石资源保障程度具有重要的战略意义。

锁定非洲

中国是一个铁矿石进口大国。我国的铁矿石主要是从澳大利亚、巴西、印度等主要铁矿出口国进口的。近10年来，我国钢铁行业不断扩张，一方面进行行业整顿，淘汰落后产能，另一方面企业拆小建大，造成国内钢铁产能越淘汰越大的现状，对铁矿石的需求也越来越多。虽然国内矿产量不断增长，但是2011年我国铁矿石对外依存度依然保持在60%左右，对进口铁矿石的依赖程度较高。

随着全球资源紧缺，铁矿石出口国家的价格上升得很快。未来为满足国内钢铁产能需求，我国有两个途径可选：第一，继续加大从澳大利亚、巴西等国进口铁矿石的力度；第二，进一步拓宽进口渠道。

目前，中国采取的多渠道、多元化进口措施，主要是不断增加铁矿石的进口国家。2006年，我国从38个国家进口铁矿石3.26亿吨，2009年，从47个国家进口铁矿石6.28亿吨，2011年，从68个国家进口铁矿石6.86亿吨。除澳大利亚、巴西、印度以外，我国从其他国家进口铁矿石比重日益增长。不过，虽然从其他国家进口总量增加，但是由于进口国家数量也出现了明显的增加，所以每个国家进口量所占比重依然偏低，短期内难成气候。

在这种情况下，我国适时将眼光放在了矿产资源丰富的非洲国家。据统计，非洲铁矿探明储量超过300亿吨，这在全球铁矿资源格局中占据着举足轻重的地位。且近年来，非洲政局逐步稳定，加之廉价的劳动力成本，使得近年来非洲采矿业的外国直接投资增长迅速。

事实上，中国在非洲已经投资了众多铁矿开采。其中规模最大的一个就是几内亚的西芒杜铁矿项目。西芒杜铁矿项目为世界级的大型优质露天赤铁矿。根据统计，西芒杜的铁矿石储量超过22.5亿吨，项目总资源量可能高达50亿吨。此外，还有其他非洲铁矿项目，如加蓬贝林加铁矿、喀麦隆穆巴拉铁矿区、刚果扎纳加铁矿等等。相信在不久的将来，非洲将成为我国铁矿石供应的主力军。

中外联合开发

西芒杜铁矿位于西非几内亚，是世界级的特大型优质露天赤铁矿，是目前全球已探明的唯一待开发的大规模高品位铁矿。根据澳大利亚矿业联合会的JORC标准，西芒杜铁矿被证实及推断的铁矿石资源量总计为大约22.5亿吨，铁矿石的品位预计为66%~67%之间。

2010年7月29日，中国铝业公司与澳大利亚矿商力拓集团（以下简称力拓）正式协议，将成立合资公司，共同开发经营位于西非几内亚的世界级铁矿西芒杜铁矿项目。该项目预计5年内投产，所生产的铁矿石将优先满足中国市场需求。预计开发早期，铁矿石产能将达每年7000万吨，并最终将产能提升至每年1.7亿吨，如果最终实现，这意味着力拓将再造一个"哈默斯利"铁矿（哈默斯利铁矿是澳大利亚第二大铁矿生产公司，探明储量约为21亿吨，公司铁矿年生产能力为5500万吨到6500万吨）。

根据该协议，中澳双方将通过成立合资公司持有西芒杜项目95%的股份。其中，中国铝业将出资13.5亿美元持有该项目44.65%的股权，力拓则持有50.35%。剩余的5%则由世界银行的分支机构国际金融公司持有。中国铝业将在未来2~3年内向合资公司分期注资13.5亿美元，用于项目资本开支。完成注资后，中国铝业在该合资公司的持股比例最终达47%。

2011年11月28日，中国铝业公司宣布，与力拓合资的几内亚西芒杜铁矿项目中方联合体成立。中方联合体的成员为中国铝业香港有限公司、宝钢资源（国际）有限公司、中非发展基金有限公司、中铁建中非建设有限公司及中国港湾工程有限公司。

中方联合体是中铝基于与力拓签署的《联合开发协议》的有关内容，为共同投资几内亚西芒杜铁矿项目而联合数家中国企业组建的。中铝铁矿控股有限公司是中方联合体对几内亚西芒杜铁矿投资的平台，由中国铝业香港有限公司控股，主要负责对西芒杜铁矿项目投资、参与项目建设期的管理，负责中方权益矿石销售等。中国铝业以中方联合体的方式参与西芒杜铁矿项目的基建投资、产品销售等，被业内视为中国企业海外投资的新模式。

先做好基础设施建设

在非洲开采矿石，基础设施的建设是极其重要的一项工程。力拓曾一度拥有整个西芒杜地区的采矿权，但由于基础设施落后，多年未有进展，被几内亚政府剥夺了矿区北部的开采权，后来，几内亚政府还威胁将剥夺力拓在西芒杜南区的采矿权。中国能够与力拓联合开发西芒杜铁矿，在一定程度上是中国在非洲的基建实力雄厚决定的。

西芒杜铁矿项目处于几内亚内陆地区，距离沿海地区900千米。为此，铁矿项目除要修建一条700千米、几乎横贯几内亚的通海铁路之外，还要修建一个铁路货车卸车设施，以及一个从陆地延伸至海外水面十几千米的深水港。

而在矿山的建设方面也是需要长期的巨大投入。几内亚地处内陆，且当地基础设施配套落后，按照澳洲矿山建设的经验判断，基础设施建设完成大约需要4至5年时间。基础设施建设完成前，几乎无法实现矿石的运输。而几内亚各项配套环境并不如澳洲成熟，建设周期很可能长于这一时间段。为此，力拓和中国铝业之前已经花了几个月的时间来确定基础设施方案。中方联合体的成立，意味着西芒杜铁矿项目基础设施承建主体获得落实。

目前这个西芒杜铁矿项目已经进入了比较成熟的开发阶段，按照计划，西芒杜铁矿将在2014年投产，2015年年中前开始发运铁矿石。

赞比亚谦比希铜矿

在非洲中南部的赞比亚,有一座名叫谦比希的铜矿。该铜矿曾被英国人开采23年后废弃,但由于中国有色矿业集团(以下简称中色集团)的收购和成功复产,现已成为迄今为止中国在境外投资建成的第一座、也是规模最大的一座有色金属工矿企业,被誉为"中非合作的标志性项目"。

中国在非投资的第一座铜矿

赞比亚是世界上主要产铜国之一,但由于世界铜价下跌,加之生产设备陈旧、资金缺乏、管理不善等原因,该国铜年产量从20世纪70年代中期的70多万吨降到了90年代的30多万吨。为吸引资金、先进技术和管理经验,20世纪90年代赞比亚政府对外出售了部分铜矿。随着外资进入,加上近年国际市场铜价大幅上涨,赞比亚铜产量大幅回升。

谦比希铜矿是世界著名的赞比亚—刚果铜矿带上的一个典型的铜矿床,也是中国在赞比亚建设投资的一座大型铜矿,由中国有色金属建设股份有限公司(中色集团下属公司)负责实施。中国有色集团拥有该矿85平方千米的地下勘探开采权和地表41平方千米的土地使用权(99年期限)。

谦比希铜矿是我国在境外投资建成的第一座有色金属矿山,是国家重点海外投资项目,项目总投资15019万美元,全部由中方投入。铜矿分为主矿区、西矿区和东南矿区。地面工程总造价1302万美元(计10741万元人民币),其中建筑工程215万美元,设备制造959万美元,设备安装128万美元。该项目采用当今先进的技术和方法,认真严格贯彻"三全"管理(全面、全过程、全员参与的质量管理),充分利用当地的物资和劳动力资源,精心组织设计施工。

谦比希铜矿矿区资源储量大、品位高，矿区范围内共探明铜金属储量和资源量501万吨，平均含铜品位2.19%。此外，该矿区东南矿体尚含钴金属15.5万吨，具有良好的开发前景。为了充分利用该部分资源，中国有色集团还采用了先进的浸出—萃取—电积工艺，投资建设了赞比亚谦比希湿法炼铜项目。

铜矿主矿区和西矿区已分别于2003年7月、2010年11月竣工投产，每年铜产量已达3.5万吨。另外，公司预计投资8.03亿美元的东南矿体已于2011年开工建设，计划2016年建成投产，投产后的年产铜金属量将超过10万吨。铜矿于2005年实现盈利，现在每年的铜矿生产能力以20%的速度增长，已生产将近20万吨铜，主矿体投资全部收回。

中国有色集团"走出去"

中国有色矿业集团有限公司是国务院国有资产监督管理委员会直接管理的中央大型企业，主业为有色金属矿产资源开发、建筑工程、相关税及贸易及服务。公司在20世纪90年代率先"走出去"，开发国内紧缺的有色金属矿产资源，取得了重要成果，形成了鲜明特色，在国内外具有较高的知名度和市场影响力。

从1983年开始，中国有色集团走出国门，开始从事海外工程承包。1995年开始投资海外资源开发，在泰国建成了泰中铅锑合金厂。1996年在国家的支持下，直接投资赞比亚谦比希铜矿。

2003年7月28日，备受中赞两国政府和各界人士瞩目的赞比亚谦比希铜矿复产建设工程胜利完工，如期形成日处理矿石6500吨的生产能力，矿山转入生产阶段。作为我国境外投资首座且最大的有色金属矿山，谦比希铜矿的正式投产标志着中国有色集团积极实施"走出去"战略，充分利用国内外两个市场、两种资源的进程迈上了一个新的台阶，标志着我国在中南部非洲的海外有色金属资源开发基地初步形成。

在赞比亚境内以及毗邻的刚果还有多个大型特大型铜钴矿山，在国家的支持下，通过进一步工作，该地区有望成为我国最大的海外铜钴资源基地。在国内有色金属资源尤其是铜铝资源已出现严重短缺的情况下，可有效弥补我国有色金属资源的不足。

从谦比希铜矿起步，依托谦比希铜矿的发展模式和经验，中国有色集团已经在赞比亚拥有了9家企业，累计投资超过17亿美元，缴纳税费超过9000万美元，提供就业岗位12500人，社会捐助折合700万美元，投入各种基础设施建设1.2亿美元，被中赞两国政府和人民称赞为"中赞全天候友谊最好的诠释者"。

迄今为止，中国有色集团已形成了一定规模的海外有色金属矿产资源开发布局，拥有了一批极具开发前景的跟踪项目。已经拥有的资源量含铜500万吨，含钴15万吨，含锌103万吨；正在运作的项目资源量含铜3100万吨，含金580吨，铝土矿储量26.7亿吨。中国有色集团是我国开发海外有色金属优势资源最多的企业，已成为国内有色金属行业"走出去"的排头兵和领军企业。随着我国国民经济的高速发展，中国有色集团海外矿产资源开发的前景进一步看好，投资经营规模继续稳步扩大，呈现出良好的成长性。

规避风险，前景光明

非洲是现在世界各国投资的热点。首先，非洲资源丰富，但非洲多数国家资金严重缺乏，因此出台了许多优惠政策来吸引外资。其次，近年来非洲国家的经济发展形势普遍趋好，宏观经济环境在改善。目前，我国在非洲投资已经是一种趋势和战略。但投资非洲也存在着一定的风险，包括政治风险、商业风险、人身风险等多个方面。政权动荡以及由此引发的政府换届影响合同的持续性属于系统性风险。面对风险是去是留，这是投资中不得不考虑的一个问题。

中国对非洲的投资大部分都以能源为主，以赞比亚谦比希铜矿项目为例，该项目最大的风险是出口收汇风险和工程建设风险。赞比亚是非洲国家政治、经济、民主化进程等比较稳定的国家之一，但部分非洲国家仍存在民族矛盾、经济落后等诸多因素，仍不可避免存在种族冲突、社会动荡、国际关系紧张等不可抗力的风险，并可能波及赞比亚，影响该国的政治、经济、社会的稳定，从而影响该项目的顺利建设和收汇。为进一步避免风险，中国公司正在为该项目申请出口信用保险，并采用即期跟单不可撤销信用证支付，把风险降低到最低程度。而2003年谦比希铜矿的投产和快速盈利收回成本，也证明通过采取相应的措施，如中国企业在赴非洲投资前，了解欲投资国家的政治状况，了解相关的法律法规，做出相应的风险评估，那么风险是可以规避的。

中国对非洲的援助始于1956年。特别是自20世纪60年代撒哈拉以南非洲国家掀起独立浪潮以来，中国在非洲投入了大量人力物力，帮助非洲国家摆脱贫困。20世纪70年代建成的坦赞铁路，更是在中国自身条件有限的情况下援助非洲的典型，被树为"中非合作的样本"。近年来，中国本着互利合作的精神，将经贸合作推上了一个新台阶。2006年秋，在北京举行的中非合作论坛，更是推进中非合作的标志性事件。因此，我们也相信中非合作的前景是光明的。

埃塞俄比亚通信网

通信是国家经济的大动脉，从20世纪90年代起，中国便参与了埃塞俄比亚通信网络项目的建设工程。通信项目的顺利实施使得埃塞俄比亚的信息交换成本极大降低，农产品、手工产品等的市场信息交流加速，一批其他相关产业的发展也被拉动。经济的发展也创造了一批就业机会，埃塞俄比亚当地人民生活水平也由此发生了直接变化。

光纤骨干网传输工程

埃塞俄比亚联邦民主共和国位于非洲东部，属于内陆高原国家，国土面积名列非洲第九，人口名列非洲第三。其经济结构以农牧业为主，通信比较落后，特别是移动通信、数据通信、IP电话等业务起步较晚，通信业务市场存在着巨大的发展空间。随着该国旅游、信息、交通、服务等产业的迅速发展，通信已经成为制约埃塞俄比亚经济发展的主要瓶颈。

埃塞俄比亚电信属于国家运营商，政府希望通过信息化带动工业化，所以采取的是宏观计划下的整体建网模式，实现全国覆盖。面对埃塞俄比亚国内对邮电通信行业发展的迫切需求，中国通信建设总公司积极贯彻党中央"走出去"战略，于2004年11月签署了总承包建设埃塞俄比亚国家光纤骨干网传输合同。项目包括光缆、光传输设备站及电源系统设备站的订货、采购、运输、维护人员培训、施工安装及系统测试等。由于是在远离国土、地形复杂的非洲大陆施工，连一根螺丝钉也要远涉重洋从国内运过去，其工作量之大、各工作环节的衔接之多，远远超过在国内施工的类似规模的工程。

为了确保该项目的顺利执行，中国通信建设总公司选派精兵强将在现场成立了指挥部，按照国际惯例严格管理、科学组织施工，全面协调项目的采购、运输及工程安装，从而确保了项目执行。在施工中，中国通信建设总公司的海外施工人员，克服了疟疾、天气、水土不服等实际困难，于2005年11月1日依照合同要求完成了项目的全部工作量，通信系统进入试运行。经过3个月的试运行，埃塞俄比亚电信公司于2006年3月颁发了项目初验证书，2007年6月29日颁发了项目终验证书。

该项目的投入使用，改善了埃塞俄比亚国家的通信状况，因而受到业主与政府的好评，并为二期工程的再建设提供了前提条件。

中国通信建设总公司顺利地完成总承包建设埃塞俄比亚国家光纤传输骨干网项目，极大地提升了企业声誉，树立了中国通信建设的品牌，并为今后更好地拓展海外市场积累了一整套的经验。目前，非洲地区数字通信刚刚起步，很多非洲国家都急需建设光纤传输系统，因此本项目的成功实施不仅在埃塞俄比亚通信建设市场具有重大影响，同时在整个非洲的通信建设市场也产生了较大影响。

帮助埃国成为非洲通信强国

2006年11月，埃塞俄比亚电信代表团在华参加中非论坛北京峰会期间，与中兴通讯签署了总额度为15亿美元的一揽子项目合作融资协议，埃塞俄比亚国家通信网络项目开始启动。

国家通信网络是埃国政府的"一号项目"，也是关系埃塞俄比亚国计民生的基础性项目。双方签订框架协议之后，中兴通讯与埃塞俄比亚电信开始了全面的技术层面的沟通和交流，以确定埃塞俄比亚电信公司未来3年的发展方向，从而为埃塞俄比亚电信公司量身定制适合其发展的网络建设方案。由于该项目是埃塞俄比亚电信全国网项目，中兴根据埃塞俄比亚国内的具体情况分成三个建设阶段：第一阶段的重点是千禧年；第二阶段主要解决城市和道路覆盖；第三阶段则聚焦农村以及边远区域覆盖。随着三个阶段工程的实施，埃塞俄比亚通信水平大幅提升，各项数据居非洲各国前列。这一合作项目的网络结构设计很复杂，工程的执行难度也相当大。

中国公司在海外的项目一般有四大工程执行风险，一是客户选择，二是技术方案，三是物流，四是工程施工能力。从客户选择来说，埃塞俄比亚电信公司是埃塞俄比亚唯一一家国有电信企业，并得到了政府的大力支持，埃塞俄比亚电信公司本身的运营能力较强，选择这样的企业作为合作伙伴对于中兴的项目执行有很大的帮助。从技术方案来看，埃塞俄比亚项目从立项第一天起，负责售后的工程执行团队便进入了售前阶段，完善整体方案，把控风险。此外，中兴还组建了一个有经验的专业的物流执行团队，每一个项目都提前做好详细的物流及发货计划，确保物流工作的顺利进行。在工程外包方面，2007年，在埃塞俄比亚当地能够做通信设备工程的外包商几乎没有。由于埃塞俄比亚项目规模庞大，中兴一开始就通过一期项目引进多家分包单位，通过二期项目发展壮大一批合作伙伴，通过三期项目的合作把整个项目执行好。目前中兴已在埃塞俄比亚落地的设计院有5家，施工单位有12家，参与项目的工程监理单位有3至5家。正是由于有如此强大的外包资源的支撑，才保证了埃塞俄比亚项目的顺利实施。

通信网络是一个国家重要的基础设施，中兴通讯埃塞俄比亚项目为当地的电信服务带来了深刻的变化，也拉动了当地经济的健康发展。首先在电信服务方面，2007年，埃塞俄比亚移动电话用户数为100多万户，按当年全国7700万人口来算，移动渗透率不到2%，固网用户70万~80万，数据用户不到3万。而到了2009年，随着中兴二期项目的执行，埃塞俄比亚全国移动用户数已达400多万，是2007年的4倍。

埃塞俄比亚电信项目全面提升了该国的通信水平，使其经济发展在非洲处于领先地位，这一项目也被誉为"中非合作的样板工程"，创造了运营商、政府、社会、企业和银行的多赢格局。据埃塞俄比亚电信公司公布的数字，2007年6月到2008年6月，埃塞俄比亚电信公司的收入只有2亿多美元，而从2008年6月到2009年3月，埃塞俄比亚电信公司的收入已达4亿多美元，净利润1.6亿美元，9个月的时间就达到过去1年收入的2倍。

2009年末，埃塞俄比亚移动G网三期项目完成后，通信信号将覆盖该国国土面积的64%，网络容量达1000万线左右。CDMA总容量240万线，覆盖国土面积大约90%，可为更多的农村客户提供通信服务。目前光缆覆盖里程6000多千米，居非洲国家前列。中兴承建的网络采用多种最先进的通信技术，网络规划具有适度的超前性，未来网络升级平滑。中兴规划三个阶段项目的陆续实施，全面提升了埃塞俄比亚电信公司的运营水平、收入和利润率，确保了埃塞俄比亚电信盈利能力、偿债能力和可持续发展。

如今埃塞俄比亚电信网项目不负期待，成了非洲电信史上一大历史性工程。由通信进步带来的多赢局面，受到了中埃两国政府、埃塞俄比亚电信公司和当地民众的欢迎。埃塞俄比亚总理曾对中国工程师感慨地说："长城是中国的象征，全国移动网的开通在埃塞俄比亚人民心中的地位就如同长城在中国人民心中的地位一样，你们做了一份非常有意义的工作！我们充分信任中兴通讯，希望你们继续为埃塞俄比亚创造奇迹！"

更多中埃合作

中国是埃塞俄比亚最大的贸易伙伴，除了通信领域外，两国双方在更多的领域也有合作。2006年，中国同埃塞俄比亚贸易总额为5.6278亿美元，同比增长52.2%。其中，中方出口额为4.3096亿美元，进口额为1.3182亿美元。我国主要出口轻工产品、机器设备、纺织品和医药化工产品等，进口芝麻、乳香、没药（一种植物药材）、皮革和咖啡等。

2009年5月17日，中非发展基金与中地海外建设有限公司合作投资的埃塞俄比亚玻璃厂建成投产，结束了埃塞俄比亚不能自主生产玻璃的历史；在水电方面，埃塞俄比亚电力公司与中国水电集团签署了齐莫哥耶达水电站项目总承包合同，合同额达5.55亿美元。

除了经济合作，双方教育领域的合作也有声有色。中国政府援建的埃塞俄比亚职教学院在2007年年底竣工以来，已为当地培养了数千名专业人才。针对电信项目将交由埃塞俄比亚当地运营而相关人才不足的问题，中兴通讯赠送了1000多万美元的设备用于建立7个实验室，并义务为埃塞俄比亚培养1000名电信工程师。截至2009年9月，已完成培训500多人。

埃塞俄比亚与中国是多年的老朋友，自1970年两国建交以来，在政治上的平等相待和相互尊重关系为两国在经济领域的互惠互利合作奠定了良好基础。多年来，埃中的经济合作得到了来自中国政府和企业的倾力支持，其人员、资金和技术为埃塞俄比亚带来的成绩有目共睹。中国还采取积极措施鼓励国内加大从埃塞俄比亚的进口贸易，并对其一些产品采取零关税，双边贸易额逐年攀升。众多的埃中合作项目两国成为中国与非洲国家互惠合作的典范。

苏丹麦洛维大坝

麦洛维大坝工程位于苏丹首都喀土穆以北约350千米处，地处撒哈拉沙漠边缘，常年平均气温高达45℃左右，沙尘暴频繁，加上苏丹基础设施差，施工条件异常艰苦。面对合同风险与巨大压力，为了赢得工期以及中国人的信誉与尊严，中方全体员工克服了许多困难，终于使工程建设取得了预期的成果，同时也赢得了苏丹政府的赞誉。

苏丹的中国式奇迹

苏丹自然资源相当丰富，但由于历史原因一直处于贫困状态，曾经被联合国评为世界上最贫穷的国家。中国与苏丹建交于1959年，此后两国长期友好，两国经贸关系发展顺利。自1970年以来，中国向苏丹提供一定数量的经济援助。近年来，中苏贸易额稳步增长。2011年双边贸易额115.2亿美元，同比增长34%，其中我国出口20亿美元，同比增长2.3%，进口95.2亿美元，同比增长42.9%。两国经济技术合作涉及范围较广，包括石油、地矿勘探、建筑、路桥、农业、纺织、医疗和教育等。目前，中国是苏丹最大的贸易伙伴。

1995年，中国石油公司应苏丹政府的邀请，到苏丹参与石油开发和石油工业建设。10年之后，苏丹拥有了从石油勘探到钻井，从原油开采到加工，直到石化产品的一整套石油工业体系。今天，不论是航空煤油还是汽油、柴油，苏丹全部都可以生产。苏丹的石油制成品不但可以满足本国的所有需求，还有部分出口。作为石化工业的副产品，塑料产品正在苏丹迅猛发展。此外，中国还在苏丹承包修建各种大型工程。目前，中国水电在苏丹拥有超过100亿元的项目，中国铁路工程总公司、中国铁路建设公司、中国交通建设集团、中国冶金科工集团等上市公司，也多在苏丹有大型项目。在中国的帮助下，苏丹建立了全非洲最齐全的工业体系。

在石油工业的基础上，中国给苏丹带来了资金、技术、发展和进步，更重要的是，上百家中国公司与苏丹政府在石油、水利、建筑、冶金、农业和医疗等领域全面合作。现在，中国人几乎渗透到苏丹的各个领域：开采石油、架桥梁、修公路、打井、派遣医疗队、开私人医院、开餐馆、办农场、开超市……

苏丹从一个几乎没有任何现代工业的贫穷国家，成长为一个工业迅猛发展的发展中国家。近年以来，苏丹年经济增长率超过8%，高居北非六国之首。2007年的经济增长率为13%，为发展中国家树立了利用自有资源发展工业，推动经济高速增长的样板，是一个真正的非洲穷国依靠自己的资源脱贫的奇迹。就连苏丹政府也指出，苏丹的经济奇迹离不开中国。

尼罗河上的"三峡工程"

苏丹的水资源是丰富的，世界上最长的河流——尼罗河就是在苏丹首都喀土穆汇合而形成的。根据与埃及1959年签订的《尼罗河协定》，苏丹每年可从尼罗河及支流分得200亿立方米的河水；季节性河流及地下水为400亿立方米，加上每年1000毫米的降雨，苏丹人均淡水达到5300立方米，是我国人均淡水2200立方米的两倍多。但是由于恶劣的自然条件，长期内战对国家基础建设造成的破坏，加上河流两岸人口的快速增长，沿岸苏丹人民空守着一条大河，却仍然忍受着"干渴"的痛苦。开发尼罗河水资源成了苏丹人民心中的夙愿。2009年，这个夙愿在中国的帮助下终于实现了。

2003年，苏丹政府计划在麦洛维修建一个水电站。麦洛维在尼罗河下游，这里临近埃及，水坝修建在一个支流交汇的地方。中国水利电力对外公司牵头，和中国水利水电建设集团组成了联营体，通过与国际知名工程公司竞争，击败对手，夺得了大坝土建工程承包合同，合同金额约6.5亿美元。

麦洛维大坝位于苏丹北方省，总长9.65千米，高67米，主坝由面板堆石坝、黏土心墙坝和混凝土重力坝三种坝型组成。这项工程是由我国公司承建的海外最大单项水电工程，还是继埃及阿斯旺大坝后在尼罗河干流上兴建的第二座大型水电站，也是世界上最长的大坝，堪称苏丹的"三峡工程"。

大坝主体工程2003年6月正式开工，土石方挖填总量达3000万立方米，混凝土浇筑量达164万立方米，合同施工期为5年。工程2003年底实现一期截流，2005年底实现二期截流，2006年7月31日完成1、2台机组所必需的土建工程，2007年7月1日首台机组发电，2008年6月30日工程竣工移交，其中首台机组土建工程从进场到完工仅用了3年时间。

2009年3月3日，麦洛维大坝正式落成并向苏丹电网发电，苏丹总统奥马尔·巴希尔、阿拉伯国家投资方代表、中国承建方代表及当地民众万余人出席仪式。巴希尔代表苏丹政府签署大坝接收文件，并在庆祝仪式上致辞。他说，麦洛维大坝是一项世纪工程，也是苏丹结束贫困的开始。他同时宣布，因麦洛维大坝开始发电，从2009年6月30日起，苏丹民用电和工业用电费用降低25%，农业用电降低30%。

巨大的综合效益

尼罗河是世界上最长的河，麦洛维大坝则是世界上最长的河流上建的最长的大坝，这样长的大坝工程在世界上是很少的。它除了发电，对苏丹的发展还有更大的综合效益。

这座大坝兼有发电、灌溉和环保三大功能。其配套电站装有10台单机12.5万千瓦的发电机组，总装机容量125万千瓦，全部运营后使苏丹摆脱以前只拥有局部的、耗油量大、污染大的电力供应状况，成为一个拥有先进国家电网的国家。廉价水电还把以前用于发电的原油置换出来，用于创汇出口，从而改变苏丹能源消耗结构。

麦洛维大坝水库总库容达到124.5亿立方米，蓄积一个287平方千米的人工湖，可与纳赛尔湖（阿斯旺大坝建成后形成的人工湖）相比。灌溉线延伸400多千米，灌溉面积达100多万亩，400多万人因此受益。就灌溉而言，水库124.5亿立方米的库容，为尼罗河两岸方圆400平方千米内的灌溉渠道供水，并利用强大电力在上游建成一系列提灌站，从而在古老的尼罗河两岸形成了万顷绿洲和良田，苏丹农业格局因获得可以控制和利用的水资源而发生巨大变化。

麦洛维大坝大大改善了尼罗河两岸的生态环境，使水渠呈网状布散于撒哈拉沙漠，给沙漠带来宝贵的水源，也带来新的生气。大坝建成前，每年尼罗河涨水都导致大量水土流失，而如今这种情况已不再出现。麦洛维大坝不仅仅是一个单纯的水电工程，也是中国和苏丹两国人民的友谊见证和合作典范。

世界贸易组织

世界贸易组织，英文名称是 World Trade Organization，中文简称世贸组织，英文简称 WTO。它的前身是成立于1947年的关税及贸易总协定秘书处。世界贸易组织总部设在瑞士日内瓦。世贸组织与国际货币基金组织、世界银行一起被称为世界经济发展的三大支柱。

最重要的国际经济组织

建立世贸组织的设想是在1944年7月举行的布雷顿森林会议上提出的，当时设想在成立国际货币基金组织和世界银行的同时，成立一个国际性贸易组织，从而使它们成为二次大战后左右世界经济的"货币—金融—贸易"三位一体的机构。1947年，在联合国贸易及就业会议上签署的《哈瓦那宪章》同意成立世贸组织，后来由于美国的反对，世贸组织未能成立。同年，美国发起拟订了关税及贸易总协定，作为推行贸易自由化的临时契约。1986年关税及贸易总协定乌拉圭回合谈判启动后，欧洲共同体和加拿大于1990年分别正式提出成立世贸组织的议案，1994年4月在摩洛哥马拉喀什举行的关税及贸易总协定部长会议才正式决定成立世贸组织。

部长会议是世贸组织的最高决策权力机构，由所有成员国主管外经贸的部长、副部长级官员或其全权代表组成，一般两年举行一次会议，讨论和决定涉及世贸组织职能的所有重要问题，并采取行动。

部长会议的主要职能是：任命世贸组织总干事并制定有关规则；确定总干事的权力、职责、任职条件和任期以及秘书处工作人员的职责及任职条件；对世贸组织协定和多边贸易协定做出解释；豁免某成员对世贸组织协定和其他多边贸易协定所承担的义务；审议其成员对世贸组织协定或多边贸易协定提出修改的动议；决定是否接纳申请加入世贸组织的国家或地区为世贸组织成员；决定世贸组织协定及多边贸易协定生效的日期等。下设总理事会和秘书处，负责世贸组织日常会议和工作。世贸组织成员资格有创始成员和新加入成员之分，创始成员必须是关税及贸易总协定的缔约方，新成员必须由其决策机构——部长会议以三分之二多数票通过方可加入。

在部长会议休会期间，其职能由总理事会行使，总理事会也由全体成员组成。总理事会可视情况需要随时开会，自行拟订议事规则及议程。同时，总理事会还必须履行其解决贸易争端和审议各成员贸易政策的职责。

总理事会下设专门委员会、货物贸易理事会、服务贸易理事会、知识产权理事会。这些理事会可视情况自行拟订议事规则，经总理事会批准后执行。所有成员均可参加各理事会。

专门委员会处理特定的贸易及其他有关事宜。已设立贸易与发展委员会，国际收支限制委员会，预算、财务与行政委员会，贸易与环境委员会等10多个专门委员会。

由部长会议任命的总干事领导的世界贸易组织秘书处（下称秘书处），设在瑞士日内瓦，大约有500人。秘书处工作人员由总干事指派，并按部长会议通过的规则决定他们的职责和服务条件。部长会议明确了总干事的权力、职责、服务条件及任期规则。总干事主要有以下职责：可以最大限度地向各成员施加影响，要求它们遵守世贸组织规则；要考虑和预见世贸组织的最佳发展方针；帮助各成员解决它们之间所发生的争议；负责秘书处的工作，管理预算和与所有成员有关的行政事务；主持协商和非正式谈判，避免争议。

世贸组织成员分四类：发达成员、发展中成员、转轨经济体成员和最不发达成员。2012年12月10日，世界贸易组织在瑞士日内瓦召开的总理事会非正式会议上通过塔吉克斯坦加入世界贸易组织的一揽子文件，批准塔吉克斯坦的成员资格。根据世贸组织规则,塔吉克斯坦立法机构应于2013年6月7日前批准相关协议,这一国内程序完成30天后塔吉克斯坦将正式成为世贸组织的第159位成员。

世界贸易组织有五大职能。管理职能:世界贸易组织负责对各成员国的贸易政策和法规进行监督和管理,定期评审,以保证其合法性。组织职能:为实现各项协定和协议的既定目标,世界贸易组织有权组织实施其管辖的各项贸易协定和协议,并积极采取各种有效措施。协调职能:世界贸易组织协调其与国际货币基金组织和世界银行等国际组织和机构的关系,以保障全球经济决策的一致性和凝聚力。调节职能:当成员国之间发生争执和冲突时,世界贸易组织负责解决。提供职能:世界贸易组织为其成员国提供处理各项协定和协议有关事务的谈判场所,并向发展中国家提供必要的技术援助以帮助其发展。

世贸组织的宗旨是:提高生活水平,保证充分就业和大幅度、稳步提高实际收入和有效需求;扩大货物和服务的生产与贸易;坚持走可持续发展之路,各成员方应促进对世界资源的最优利用、保护和维护环境,并以符合不同经济发展水平下各成员方需要的方式,加强采取各种相应的措施;积极努力确保发展中国家,尤其是最不发达国家在国际贸易增长中获得与其经济发展水平相适应的份额和利益;建立一体化的多边贸易体制。

互惠原则是世贸组织最重要的一个原则,也叫对等原则,是指两成员方在国际贸易中相互给予对方贸易上的优惠待遇。它明确了成员方在关税与贸易谈判中必须采取的基本立场和相互之间必须建立一种什么样的贸易关系。

世贸组织的互惠原则主要通过以下几种形式体现:

第一,通过举行多边贸易谈判进行关税或非关税措施的削减,对等地向其他成员开放本国市场,以获得本国产品或服务进入其他成员市场的机会,即所谓"投之以桃,报之以李"。

第二,当一国或地区申请加入世贸组织时,由于新成员可以享有所有老成员过去已达成的开放市场的优惠待遇，老成员就会一致地要求新成员必须按照世贸组织现行协定、协议的规定缴纳"入门费"——开放申请方商品或服务市场。

第三，互惠贸易是多边贸易谈判及一成员贸易自由化过程中与其他成员实现经贸合作的主要工具。关税及贸易总协定及世贸组织的历史充分说明，多边贸易自由化给某一成员带来的利益要远大于一个国家自身单方面实行贸易自由化的利益。因为一国单方面自主决定进行关税、非关税的货物贸易自由化及服务市场开放时，所获得的利益主要取决于其他贸易伙伴对这种自由化改革的反应，如果反应是良好的，即对等地也给予减让，则获得的利益就大；反之，则较小。相反，在世贸组织体制下，由于一成员的贸易自由化是在获得现有成员开放市场承诺范围内进行的，自然这种贸易自由化改革带来的实际利益有世贸组织机制作保障，而不像单边或双边贸易自由化利益那么不确定。因此，多边贸易自由化要优于单边贸易自由化，尤其像中国这样的发展中大国。

此外世贸组织还有透明度原则，是指世贸成员方应公布所制定和实施的贸易措施及其变化情况，没有公布的措施不得实施，同时还应将这些贸易措施及其变化情况通知世贸组织。此外，成员方所参加的有关影响国际贸易政策的国际协定，也应及时公布和通知世贸。

透明度原则是世贸组织的重要原则，它体现在世贸组织的主要协定、协议中。根据该原则，世贸组织成员需公布有效实施的、现行的贸易政策法规有：

（1）海关法规，即海关对产品的分类、估价方法，对进出口货物征收的关税税率和其他费用的规则；

（2）进出口管理的有关法规和行政规章制度；

（3）有关进出口商品征收的国内税的法规和规章；

（4）进出口商品检验、检疫的有关法规和规章；

（5）有关进出口货物及其支付方面的外汇管理和对外汇管理的一般法规和规章；

（6）利用外资的立法及规章制度；

（7）有关知识产权保护的法规和规章；

（8）有关出口加工区、自由贸易区、边境贸易区、经济特区的法规和规章；

（9）有关服务贸易的法规和规章；

（10）有关仲裁的裁决规定；

（11）成员国政府及其机构所签订的有关影响贸易政策的现行双边或多边协定、协议；

（12）其他有关影响贸易行为的国内立法或行政规章。

透明度原则规定各成员应公正、合理、统一地实施上述的有关法规、条例、判决和决定。统一性要求在成员领土范围内管理贸易的有关法规不应有差别待遇，即中央政府统一颁布有关政策法规，地方政府颁布的有关上述事项的法规不应与中央政府有任何抵触。但是，中央政府授权的特别行政区、地方政府除外。公正性和合理性要求成员对法规的实施履行非歧视原则。透明度原则还规定，鉴于对海关行政行为进行检查和纠正的必要，要求各成员应保留或尽快建立司法的或仲裁的或行政的机构和程序。这类法庭或程序独立于负责行政实施的机构之外。除进口商在所规定允许的上诉期内可向上级法庭或机构申诉外，其裁决一律由这些机构加以执行。透明度原则对公平贸易和竞争的实现起到了十分重要的作用。

中国入世之路

1978年召开的党的十一届三中全会上，国家确立了改革开放，加快发展国民经济的基本思想，也必然要求进一步加强与发展国际间的经济联系和合作。这次会议产生的一个直接效应就是要让长期封闭、半封闭的中国尽快融入世界经济发展的潮流之中。

1980年，中国先后在世界银行和国际货币基金组织取得合法席位。在世界3个主要经济组织中，只有关税及贸易总协定我们还没有参加。随着改革开放的不断深入和扩大，以及对外经济贸易的迅速发展，1982年，当时的外贸部给国务院写报告，建议参加关税及贸易总协定。报告认为，关税及贸易总协定是规范当时世界贸易的一个组织，关税及贸易总协定的成员在当时的贸易总量占世界贸易总量的85%，同时中国与关税及贸易总协定成员的贸易量占中国整个进出口贸易量的85%，这两个85%说明关税及贸易总协定是相当重要的。中国参加与否，它的各种规则对中国都有直接、间接的约束力，所以，恢复在关税及贸易总协定的缔约方地位对我们是有利的。在此背景下，1982年11月，中国政府获得关税及贸易总协定观察员身份并首次派团列席了关税及贸易总协定第36届缔约方大会。1982年12月31日，国务院批准了中国申请参加关税及贸易总协定的报告。1984年4月，中国成为关税及贸易总协定特别观察员。

1986年1月10日，国家领导人在会见关税及贸易总协定时任秘书长阿瑟·邓克尔时，明确表示希望恢复中国在关税及贸易总协定中的缔约方地位。1986年7月10日，中国驻日内瓦代表团大使钱嘉东代表中国政府，向关税及贸易总协定递交申请，要求恢复中国的缔约方地位。至此，中国复关、入世谈判拉开了序幕。

1987年3月，关税及贸易总协定理事会成立了"关于中国缔约方地位工作组"，同年7月任命瑞士驻关税及贸易总协定大使基拉德先生为中国工作组主席，10月中国工作组第一次会议在日内瓦举行，开始了中国的复关谈判。按照关税及贸易总协定的规则，中国复关谈判分为两个阶段，第一个阶段是对中国的外贸体制进行审议，第二个阶段是实质阶段，进行双边市场准入谈判并起草议定书。

第一个阶段的谈判进行了8年之久，而仅仅审议中国外贸体制就进行了

6年。据统计，各方在审议中国外贸体制时前后一共提出了4万多个问题，这多么的问题归结起来的一个核心问题，就是中国经济体制是不是市场经济，愿不愿意搞市场经济的问题。

这个问题一直到1990年才有了突破。1990年底邓小平同志明确指出："资本主义与社会主义的区分不是计划、市场这样的内容。社会主义也有市场调节，资本主义也有计划控制。不要以为搞点市场经济就是资本主义道路，没那回事。"1992年初，邓小平同志南方谈话时更加明确地指出，计划经济不等于社会主义，资本主义也有计划；市场经济不等于资本主义，社会主义也有市场。计划与市场都是经济手段。计划多一点还是市场多一点不是社会主义与资本主义的本质区别。改革开放总设计师的一番话，对于当时正处在理论十字路口的改革如同拨云见日，也为复关谈判扫清了障碍。

这样中国承诺搞市场经济，与关税及贸易总协定的基本原则接上了轨。这一承诺得到了关税及贸易总协定缔约方的一致认可，工作组主席基拉德宣布结束对中国贸易体制的审议，进入实质性谈判阶段。中方代表也宣布，欢迎缔约方与中方进行市场准入的谈判。持续了近6年的复关谈判终于完成了第一阶段的任务。

第二个阶段是实质阶段，进行双边市场准入谈判并起草议定书。在这个阶段，过程同样曲折。由于谈判立场差距过大，世界贸易组织成立之前，中国复关谈判的最后冲刺未能取得结果。1994年世贸组织成立。1995年7月11日，世贸组织总理事会会议决定接纳中国为该组织的观察员。中国自1986年申请重返关税及贸易总协定以来，为复关和加入世界贸易组织已进行了长达15年的努力。

此后，随着中国改革开放的步伐的不断加快，为了建立社会主义市场经济体制和适应经济全球化的新形势，中国在计划、财税、金融、外贸、外汇等领域全面推行了改革，在经济生活中更多地用市场配置资源，使之更加适应世界贸易组织的规则。中国的经济实力也在迅速增强，经济总量和外贸排名都在不长的一个时期内上升到世界第七位，这使中国在入世谈判中的"腰板"更硬了。同时对外开放的深入使加入经济全球化进程成为更多人的共识，加入世界贸易组织得到了国内更多的理解和支持。入世的进程开始变得更为有利。2001年12月11日，中国正式加入世界贸易组织，成为其第143个成员。

10年辉煌成就

如今，中国加入世贸已经超过10年。中国加入世贸组织10周年，是中国对外贸易跨越式发展的10年，是中国积极参与经济全球化、吸收外资水平不断提高、对外经济合作步伐加快、与世界经济实现共同发展的10年。回顾入世10年，中国所取得的伟大成就，中国的出口规模经过10年跃居世界第一。发展对外贸易，是中国对外开放的核心内容，也是参与国际经济合作的重要渠道。

10年来，中国紧紧抓住经济全球化的机遇，着力解决对外贸易中发生的突出问题，对外贸易的规模不断扩大，对外贸易的质量不断提高。加入世贸组织的10年比加入世贸组织前24年中国的进出口总额增长了3.8倍，其中中国的出口增长了4.0倍，中国的进口增长3.6倍。这10年中国进出口贸易年均增长21.6%，其中出口增长21.9%，进口增长21.4%。

2001年中国的出口总额与英国相近，但是在随后的10年当中，中国的出口总额在2004年超过日本，2007年超过美国，2009年超过德国，跃居世界第一位，占全球出口的比重由2001年的7.3%提高到现在的9.6%。

在对外贸易有了迅速发展的同时，贸易平衡的状况也经历了由顺差扩大到逐步平衡的一个发展历程。10年来，中国认真履行开放国内市场的承诺，平均关税从2001年的15.3%降到了9.8%，并且进一步简化进口管理，进一步完善进口促进体系，进一步提高贸易便利化的程度，基本上取消了进口配额管理。期间，中国分批取消了800多个税务商品的管理，进口格局也发展到逐渐平衡。

10年来，中国外资直接投资累计达到6531.4亿美元，平均每年增长9.5%。全球排名由10年前的第四位上升到现在的第二位，并且连续18年处在发展中国家的首位。

截至2011年6月4日，跨国公司在华设立的研发中心已超过1400家。在外资研发中心中，从事先导技术研究的接近50%，已经超过从事市场调研型研究的比重。60%以上的研发中心现在将全球市场作为它的主要服务目标。

加入世贸组织的10年是中国经济发展最快的时期，2001年中国人均GDP是8622元人民币，10年间GDP年均增长10.5%。实践是检验真理的唯一标准，加入世贸组织，中国是受益者，是参与全球化的一个利益受益者，中国加入世贸组织是一个英明、正确的决策。

国际货币基金组织

国际货币基金组织，英文名称是 International Monetary Fund，简称IMF，是根据1944年7月在布雷顿森林会议签订的《国际货币基金协定》，于1945年12月27日在华盛顿成立的，与世界银行同时成立，并列为当时世界两大金融机构之一。其职责是监察货币汇率和各国贸易情况，提供技术和资金协助，确保全球金融制度运作正常。总部设在华盛顿。

确保全球金融制度运作正常

1944年，联合国赞助的财经会议于美国新罕布什尔州的布雷顿森林举行。7月22日，各国在会议上签订了成立国际货币基金的协议。协议的条款于1945年12月27日付诸实行，1946年5月国际货币基金组织正式成立，是为二战完结后重建计划的一部分，1947年3月1日正式运作。国际货币基金组织、国际清算银行及世界银行，一起被称为"布雷顿森林机构"。差不多所有实行市场经济的国家，其金融政策均受这三家机构的影响。

同样是国际金融机构，国际货币基金组织和世界银行的区别是：国际货币基金组织是为发达国家提供短期贷款，以解决其短期的资金短缺。而世界银行则是为发展中国家提供长期的贷款，以帮助其发展经济。

国际货币基金组织的最高权力机构为理事会，由各成员国派正、副理事各一名组成，一般由各国的财政部长或中央银行行长担任。每年9月举行一次会议。各理事会单独行使本国的投票权（各国投票权的大小由其所缴基金份额的多少决定）。执行董事会负责日常工作，行使理事会委托的一切权力，由24名执行董事组成，其中8名由基金份额最大的5个国家（美、日、德、法、英）和另外3个国家（中、俄、沙）任命。其余16名执行董事由其他成员国分别组成16个选区选举产生；中国为单独选区，亦有一席。执行董事每两年选举一次；总裁由执行董事会推选，负责基金组织的业务工作，任期5年，可连任，另外还有4名副总裁。

该组织的宗旨是通过一个常设机构来促进国际货币合作，为国际货币问题的磋商和协作提供方法；通过国际贸易的扩大和平衡发展，把促进和保持成员国的就业、生产资源的发展、实际收入的高水平，作为经济政策的首要目标；稳定国际汇率，在成员国之间保持有秩序的汇价安排，避免竞争性的汇价贬值；协助成员国建立经常性交易的多边支付制度，消除妨碍世界贸易的外汇管制；在有适当保证的条件下，向成员国临时提供普通资金，使其有信心利用此机会纠正国际收支的失调，而不采取危害本国或国际繁荣的措施；按照以上目的，缩短成员国国际收支不平衡的时间，减轻不平衡的程度等。

国际货币基金组织的主要职能：制定成员国间的汇率政策和经常项目的支付以及货币兑换性方面的规则，并进行监督；对发生国际收支困难的成员国在必要时提供紧急资金融通，避免其他国家受其影响；为成员国提供有关国际货币合作与协商等会议场所；促进国际间的金融与货币领域的合作；促进国际经济一体化的步伐；维护国际间的汇率秩序；协助成员国之间建立经常性多边支付体系等。

国际货币基金组织的使命，是为陷入严重经济困境的国家提供协助。而对于严重财政赤字的国家，国际货币基金组织可能提供资金援助，甚至协助管理国家财政。

加入国际货币基金组织的申请，首先会由基金的董事局审议。之后，董事局会向管治委员会提交"会员资格决议"的报告，报告中会建议该申请国可以在基金中分到多少配额，以及条款。管治委员会接纳申请后，该国需要修改法律，确认签署的入会文件，并承诺遵守基金的规则。而且会员国的货币不能与黄金挂钩。成员国的"配额"决定了一国的应付会费、投票力量、接受资金援助的份额，以及特别提款权的数量。

基金组织的议事规则很有特点，执行加权投票表决制。投票权由两部分组成，每个成员国都有250票基本投票权，以及根据各国所缴份额所得到的加权投票权。由于基本票数各国一样，因此在实际决策中起决定作用的是加权投票权。加权投票权与各国所缴份额成正比，而份额又是根据一国的国民收入总值、经济发展程度等多种因素确定的。

1969年，该组织又创设"特别提款权"，作为国际流通手段的一个补充，以缓解某些成员的国际收入逆差。成员有义务提供经济资料，并在外汇政策和管理方面接受该组织的监督。特别提款权，是一种储备资产和记账单位。它是基金组织分配给会员国的一种使用资金的权利。会员国在发生国际收支逆差时，可用它向基金组织指定的其他会员国换取外汇，以偿付国际收支逆差或偿还基金组织的贷款，还可与黄金、自由兑换货币一样充当国际储备。但由于其只是一种记账单位，不是真正货币，使用时必须先换成其他货币，不能直接用于贸易或非贸易的支付。因为它是国际货币基金组织原有的普通提款权以外的一种补充，所以称为特别提款权。

中国是创始国之一

中国是国际货币基金组织的创始国之一。1945年12月27日，国际货币基金组织由29个国家签署协议而成立。中国是这29个创始国之一，并且当时中国在基金组织中的份额排位仅次于美国和英国，名列第三。新中国诞生后我国的席位长期被台湾当局所占据。但其经济实力不足，造成中国所占份额下降。

1950年，政务院总理兼外交部部长周恩来致电国际货币基金组织，要求恢复中国的合法席位。然而，由于国际政治环境的制约，中国在国际货币基金组织的代表权问题长期得不到解决。

1971年10月，第26届联合国大会通过决议，恢复中华人民共和国在联合国的合法席位，为我国恢复在联合国序列下各专门机构的席位创造了条件。1978年，党的十一届三中全会关于改革开放的决议为我国加入国际金融组织创造了有利的内部环境。1979年1月，中、美建交，加入国际金融组织的外部条件最终趋于成熟。1980年3月，基金组织派团来华与我方谈判；4月17日，基金组织的执行董事会通过了由中华人民共和国政府代表中国的决议，恢复了中华人民共和国在该组织的合法席位；9月，基金组织通过决议，将中国份额从5.5亿特别提款权增加到12亿特别提款权；11月，中国份额又随同该组织的普遍增资而进一步增加到18亿特别提款权。

2001年2月5日，中国份额增至63.692亿特别提款权，占总份额的2.98%，升至第8位，投票权也增加至2.95%，中国也由此获得了在基金组织单独选区的地位，从而有权选举自己的执行董事。2008年基金组织改革之后，中国份额增至80.901亿特别提款权，所占份额仅次于美、日、德、英、法五大股东国，投票权上升到3.65%。在2010年最新一轮改革之后，中国成为基金组织的第三大股东国，特别提款权份额增至6.39%，投票权也上升到6.07%，仅次于美国和日本，居世界第三位。

虽然排名不断靠前，但是中国仍然没有获得否决权。按照组织规定，重大事项要有85%以上的投票权来决定。美国虽然由最初的40%份额降到17%左右，可是已经超过15%。也就是说一些重大事项只要美国不同意，就无法得到85%以上的投票。中国所占份额长期较低，话语权较小。

但是随着中国经济的发展和综合国力的快速提升，中国的经济规模已位居世界第二，中国在国际货币基金组织的份额也应该与我国的经济规模相匹配。因此中国增资国际货币基金组织变得非常有必要。

2012年6月18日，在墨西哥洛斯卡沃斯举行的二十国集团领导人第七次峰会上，各国讨论了向国际货币基金组织增资问题。中方明确表示支持并决定参与国际货币基金组织增资，数额为430亿美元。随着中国增资国际货币基金组织，中国在其份额也会相应增大，影响力也会扩大。在国际货币基组织的重大决策，政策和表决中，中国都将有更大的话语权。中国在世界经济的发展中会产生更大的影响力。

富有成效的合作

自中国恢复在国际货币基金组织的合法席位以来的30多年中，我国虽然从基金组织获得直接的资金支持数量有限，但它作为我国与世界各国交流合作的重要平台，为我国创造良好的外部国际环境起到了积极作用。更为重要的是，随着我国对世界经济的影响力不断增强，基金组织已经成为我国在国际政治经济舞台上履行大国责任的重要途径。中国需要基金组织这样一个国际性经济组织的指导和帮助，基金组织也需要中国这样一个世界第二大经济强国的支持。

30多年中，我国曾经两次从国际货币基金组织获得直接的资金支持。1981年，我国向组织借用4.5亿特别提款权（约5.5亿美元）的备用信贷安排和3.1亿特别提款权（约3.8亿美元）的信托基金以弥补当时的国际收支逆差。1986年，为响应当年1月召开的"全国经济特区工作会议"上提出的发展外向型经济战略和邓小平同志6月对外汇问题讲话精神，我国再次大量吸收外资，当年向组织借入5.98亿特别提款权（约7.3亿美元）的备用信贷安排来促进我国经济发展。

基金组织成为我国吸收先进经济管理经验的重要途径和与世界各国进行政策对话的重要窗口，它让中国更加了解世界，也向世界更为客观地介绍中国。对中国而言，加入基金组织的主要收益（除了获得加入世界银行的资格以外），从广义上来说是使中国得到了国际金融体系的认可，从狭义上讲是中国可以更好地利用基金组织的信息、数据、技术支持和培训资源。对于发展中的中国而言，基金组织在为数不多的中国项目中所传递的知识理念是极为重要的，中国更好地学到了西方社会如何利用金融资源支持经济发展。组织还先后为中国的中央银行体制改革、财税体制改革、外汇管理体制改革、人民币经常项目可兑换等重大改革措施提供了有益的咨询建议，并协助中国建立了符合国际标准的货币银行统计体系和国际收支统计体系，改进了国民账户统计，建立了外债监测体系。基金组织的技术援助还为改善我国货币政策与财政政策的制订与操作、修改和完善银行法规及会计与审计制度、加强金融监管以及发展金融市场工具等方面作出了贡献。

基金组织为我国政府机构的有关人员提供了大量的培训。每年在我国举办的培训班涉及货币政策、财税政策、银行监管、外汇市场管理、国际收支管理和宏观经济统计等不同领域。参加培训的学员累计已达数千人次。一些早期学员已经成为我国财政、金融领域的高级官员。我国每年还向基金组织在华盛顿、维也纳和新加坡的学院派出数十名人员，在宏观经济和金融的各个领域进行研讨和进修。

另一方面，通过这个平台，中国与世界其他国家开展了卓有成效的对话与合作，让世界更加了解和认可了中国的经济发展。在国际货币基金每年的年会上，中国政府代表都会介绍本国政策立场和发展战略，对国际金融领域的热点问题阐明中国的态度。1980年11月、1986年11月和1990年1月，我国先后与该组织共同举办学术研讨会，1997年9月还在中国香港特别行政区召开了国际货币基金组织和世界银行的年会，这些会议多为增进中国与世界的信任起到积极作用。在1997年亚洲金融危机和2007年全球金融危机等重大国际经济事件中，中国政府也通过货币基金组织会议表明中国立场。

如今，我国在组织中的角色逐步由被动的接受者转变为积极的参与者。在资金方面，中国从80年代的债务国转为债权国，1994年向组织提供了1亿特别提款权的贷款，用于支持重债穷国的债务调整，同时还向该贷款的贴息账户捐款1200万特别提款权；1997年金融危机后，中国政府在基金组织框架下向泰国政府贷款10亿美元；1999年，中国又向组织捐助1313万特别提款权，继续支持穷国减债计划；2005年印度洋海啸后，中国政府也积极为其"冲突后和自然灾害紧急援助贴息账户"注资，为受灾国提供援助。

在知识贡献方面，中国改革开放30多年来所取得的巨大成就向基金组织和全世界展示了一种新的发展模式，丰富了其知识体系；中国人民银行副行长朱民也于2010年2月被任命为该组织总裁特别顾问，2011年7月又被任命为该组织副总裁，为基金组织能更好地应对所有成员国未来面临的挑战，并加深基金组织对亚洲和新兴市场的了解做出贡献。

上海合作组织

上海合作组织由中国、俄罗斯、哈萨克斯坦、吉尔吉斯斯坦、塔吉克斯坦、乌兹别克斯坦6个成员国组成，于2001年在上海宣布成立。它是第一个在中国境内宣布成立、第一个以中国城市命名的国际组织。成员国总面积约占欧亚大陆面积的五分之三，人口约占世界总人口的四分之一。其已成为解决欧亚地区政治、经济、军事和环境等各种问题的关键组织。

组织的成立

上海合作组织，简称上合组织，前身是"上海五国"会晤机制。"上海五国"成员国包括中国、俄罗斯、哈萨克斯坦、吉尔吉斯斯坦、塔吉克斯坦（上海合作组织成立后吸收乌兹别克斯坦为成员国），该机制的一大作用是建立边界安全和信任措施。2000年到来之际，在这一重任基本解决后，经贸合作已经成为领导人重点讨论的话题。这是上海合作组织成立的渊源。

2001年9月13日和14日，"上海五国"成员国总理在哈萨克斯坦阿拉木图举行首次会晤，正式建立了"上海合作组织"框架内每年一次的总理会晤机制。

上海合作组织目前设有两个常设机构——秘书处和地区反恐怖机构。秘书处设在北京，2004年1月正式启动。秘书处是组织的常设行政机构，为组织框架内的活动提供行政、技术和信息保障。主要职能包括：协助举行组织的各种会议；参与制定组织的文件草案；协助落实组织通过的各项决议和文件；保管组织的文件、资料；收集、整理和传播组织活动的信息；编制和执行组织常设机构的预算。秘书处编制30人。秘书长由成员国按国名俄文字母顺序轮流担任，任期3年。

地区反恐怖机构设在乌兹别克斯坦首都塔什干，是上海合作组织成员国在打击"三股势力"（暴力恐怖势力、民族分裂势力和宗教极端势力）等领域开展安全合作的常设机构。地区反恐怖机构的主要职能是：准备有关打击恐怖主义、分裂主义和极端主义的建议和意见；协助成员国打击"三股势力"；收集、分析并向成员国提供有关"三股势力"的信息；建立关于"三股势力"组织、成员、活动等信息的资料库；协助准备和举行反恐演习；协助对"三股势力"活动进行侦查并对相关嫌疑人员采取措施；参与准备与打击"三股势力"有关的法律文件；协助培训反恐专家及相关人员；开展反恐学术交流；与其他国际组织开展反恐合作。地区反恐怖机构下设理事会和执行委员会。理事会是地区反恐怖机构的协商决策机关，由成员国反恐主管部门负责人或代表组成。执行委员会是常设执行机关，编制30人。最高行政官员为执委会主任，任期3年。首任执委会主任为卡西莫夫（乌兹别克斯坦籍）。

上海合作组织的合作领域有四个方面。

政治合作：解决边界问题，巩固成员国政治互信和睦邻友好；在成员国关切的问题上以上海合作组织名义表示支持，在重大地区和热点问题上加强协调与合作，对外以一个声音说话。

安全合作：安全合作是上海合作组织的重点合作领域，核心是打击恐怖主义、分裂主义和极端主义"三股势力"。2001年6月15日，上海合作组织成立当天，成员国即签署《打击恐怖主义、分裂主义和极端主义上海公约》，并提出成员国合作打击的具体方向、方式及原则。这发生在"9·11"事件之前，体现了成员国打击恐怖主义的远见卓识。上海合作组织由此成为最早打出反恐旗帜的国际组织之一。

经济合作：涵盖贸易投资、海关、金融、税收、交通、能源、农业、科技、电信、环保、卫生、教育等领域。

人文等领域合作：上海合作组织在文化、教育、环保、紧急救灾等领域合作进展顺利，取得积极成果。包括举行文化部长会议，展开多边文化合作计划；举行成员国文化艺术节；举行教育部长会议，展开成员政府间教育合作；召开环保专家会议，开展环保合作等等。

上海合作组织奉行对外开放的原则，致力于同其他国家和国际组织开展各种形式的对话、交流与合作。上海合作组织已与联合国、东南亚国家联盟、独立国家联合体建立了正式联系。

组织下的经济合作

2001年6月15日，上海合作组织在其《成立宣言》中指出该组织经济合作的宗旨是："加强各成员国之间的相互信任与睦邻友好；鼓励各成员国在政治、经贸、科技、文化、教育、能源、交通、环保及其他领域的有效合作；共同致力于维护和保障地区的和平、安全与稳定；建立民主、公正、合理的国际政治经济新秩序。"《上海合作组织宪章》又将其进一步深化为："鼓励开展政治、经贸、国防、执法、环保、文化、科技、教育、能源、交通、金融信贷及其他共同感兴趣领域的有效区域合作；在平等伙伴关系基础上，通过联合行动，促进地区经济、社会、文化的全面均衡发展，不断提高各成员国人民的生活水平，改善生活条件；在参与世界经济的进程中协调立场。"简而言之，可以把上海合作组织的经济合作宗旨归纳为三点：一是促进区域经济共同且协调发展，提高人民生活水平；二是促进建立公正合理的国际经济新秩序；三是通过经济合作发展人民间的友好关系。

2001年9月，成员国总理首次会晤期间，中国时任总理朱镕基提出了经济合作的四项原则：一是平等互利，考虑和兼顾各方利益；二是遵循市场经济规则，与国际通行规则接轨；三是循序渐进，注重实效，由易到难，积极稳步推进，同时坚持"一事一清"的做法，建立健全协议执行与监督机制，避免出现"议而不决，决而不行"的现象；四是多边与双边结合的原则，争取双边与多边并行发展，相互补充，相互促进。朱总理的讲话得到了与会者的一致赞同，这四项原则精神也被写入了相关的文件中，成为该组织开展经济合作的基本指导思想。

在经济合作方面，上合组织不仅促进了中国与各成员国之间的经贸关系，还为本地区其他国家和人民带来了实实在在的利益。上合组织各成员国外贸总额占全球的份额由2001年的8％增加到2011年的13％；各成员国国内生产总值的总量由过去的4.8％提高到现在的13％。

2003年，以各成员国签订《多边经贸合作纲要》为起点，交通、能源、通信等领域一批关系国计民生的大型经济合作项目陆续启动。投资、农业、科技合作稳步推进。多边海关互助协定顺利签署，国际道路运输便利化协定商谈取得重大进展，电子商务筹备实施，区域经济合作面临更有利的条件。中俄原油管道项目、中哈天然气管道项目、中塔输变电项目、中吉乌公路项目等一批合作项目正在实施。

2009年，中国成为中亚国家最大的贸易伙伴。中国与上合组织各成员国之间的贸易额由2001年的121亿美元上升到2011年的1134亿美元。中国已成为哈萨克斯坦第一大贸易伙伴；中吉贸易额比建交初期增长了100多倍，中乌贸易额增长了40多倍。

中国—东盟自由贸易区

中国—东盟自由贸易区，缩写CAFTA，是中国与东盟10国组建的自由贸易区。2010年1月1日，贸易区正式全面启动。自贸易区建成后，东盟和中国的贸易占到世界贸易的13%，成为一个涵盖11个国家、19亿人口、GDP达6万亿美元的巨大经济体。

覆盖人口最多的自由贸易区

所谓自由贸易区，不是指在国内某个城市划出一块土地，建立起的类似于出口加工区、保税区的实行特殊经贸政策的园区，而是指两个或两个以上国家或地区通过签署协定，相互进一步开放市场，分阶段取消绝大部分货物的关税和非关税壁垒，在服务业领域改善市场准入条件，实现贸易和投资的自由化，从而形成涵盖所有成员全部关税领土的"大区"。

自由贸易区内允许外国船舶自由进出，外国货物免税进口，取消对进口货物的配额管制，也是自由港的进一步延伸，是一个国家对外开放的一种特殊的功能区域。自由贸易区有两个特点：一是该集团内成员相互取消关税或其他贸易限制；二是各成员独立保留自己的对外贸易政策，尤其是关税政策，所以自由贸易区又称为半关税同盟。

世界三大经济贸易区：欧盟、北美自由贸易区以及于2002年11月签署的中国—东盟自由贸易区协议是世界上三大区域经济合作区。其中中国—东盟自由贸易区是世界上人口最多的自由贸易区，是由发展中国家组成的最大自由贸易区。

1997年12月，中国和东盟领导人在首次中国—东盟领导人非正式会议上确定了建立睦邻互信伙伴关系的方针。为扩大双方的经贸交往，时任中国国务院总理朱镕基1999年在菲律宾马尼拉召开的第三次中国—东盟领导人会议上提出，中国愿加强与东盟自由贸易区的联系。这一提议得到东盟国家的积极回应。

2000年11月，朱镕基总理在新加坡举行的第四次中国—东盟领导人会议上，首次提出建立中国—东盟自由贸易区的构想，并建议在中国—东盟经济贸易合作联合委员会框架下成立中国—东盟经济合作专家组，就中国与东盟建立自由贸易关系的可行性进行研究。

2001年3月，中国—东盟经济合作专家组在中国—东盟经济贸易合作联合委员会框架下正式成立。专家组围绕中国加入世界贸易组织的影响及中国与东盟建立自由贸易关系两个议题进行了充分研究，认为中国—东盟建立自由贸易区对东盟和中国是双赢的决定，建议中国和东盟用10年时间建立自由贸易区。这一建议经过中国—东盟高官会和经济部长会的认可后，于2001年11月在文莱举行的第五次中国—东盟领导人会议上正式宣布。

2002年11月，第六次中国—东盟领导人会议在柬埔寨首都金边举行，朱镕基总理和东盟10国领导人签署了《中国与东盟全面经济合作框架协议》，决定到2010年建成中国—东盟自由贸易区。这标志着中国—东盟建立自由贸易区的进程正式启动。

《中国与东盟全面经济合作框架协议》提出了中国与东盟加强和增进各缔约方之间的经济、贸易和投资合作；促进货物和服务贸易，逐步实现货物和服务贸易自由化，并创造透明、自由和便利的投资机制；为各缔约方之间更紧密的经济合作开辟新领域等全面经济合作的目标。

中国与东盟关系快速发展的产物

当今世界经济有两大显著特点：一是经济全球化，一是区域经济一体化。区域经济一体化风起云涌，发展很快。WTO的成员国基本上都与其他有

YUMAN ZHONGWAI DE GUOJI HEZUO

关国家建立了自由贸易关系。中国和东盟成员都是发展中国家，经济实力有限，经济增长对外部市场的依赖度高，全球经济的变动会对其经济产生重大影响。中国—东盟自由贸易区正是为应对经济全球化中的负面影响和应对区域经济一体化的快速发展应运而生的。

中国与东盟国家有着建立自由贸易区的良好基础。一是，山水相连，息息相关，相互间有着悠久的传统友谊和相似的历史遭遇；二是，资源禀赋各具优势，产业结构各有特点，互补性强，合作潜力大；三是，在国际社会事务方面有着广泛的共同语言和共同利益，对经济发展有稳定和增长的共同愿望；四是，中国自改革开放以来，积极改善和发展与东盟及其成员国的友好关系，相互间政治关系、经济关系不断有新的发展，尤其是自1991年中国与东盟建立对话伙伴关系以来，相互间合作关系进入了一个新的发展阶段。为此，面对世界经济全球化、区域一体化的快速发展，中国与东盟国家及时做出了正确的战略决策：积极发展和密切相互间的经贸合作，建立自由贸易区。

1997年，东南亚遭受金融危机后，中国对受危机打击的东盟各国给予了极大的支持，中国政府顶住巨大的压力，坚持人民币不贬值，确保人民币汇率的稳定，帮助东盟国家最终克服了金融危机。中国在危机中表现出的负责任邻国的风范，赢得东盟各国的普遍好评，中国与东盟的关系迅速改善和发展。经历金融危机后，东盟更加明确了地区需要加快经济一体化，以建立有效的合作机制来防止危机的再次发生和冲击，中国是一个可以信赖的合作伙伴，因而选择和中国建立区域经济合作机制，即中国—东盟自由贸易区成为必然而积极的选择。

三大建设阶段

中国和东盟双方为中国—东盟自由贸易区的建设大致规划了三个阶段：

第一阶段：2002年至2010年，启动并大幅下调关税阶段。自2002年11月双方签署以中国—东盟自贸区为主要内容的《中国—东盟全面经济合作框架协议》开始，至2010年1月1日中国对东盟93%产品的贸易关税降为零。

第二阶段：2011年至2015年，全面建成自由贸易区阶段，即东盟越、老、柬、缅4国与中国贸易的绝大多数产品亦实现零关税，与此同时，双方实现更广泛深入的开放服务贸易市场和投资市场。

第三阶段：2016年之后，自由贸易区巩固完善阶段。

2009年8月15日，第八次中国—东盟经贸部长会议在泰国曼谷举行，商务部部长陈德铭与东盟10国的经贸部长共同签署了中国—东盟自贸区《投资协议》。该协议的签署向外界发出了一个明确的信号，即中国和东盟各国愿同舟共济，携手抗击金融危机，继续推进贸易和投资自由化，反对贸易和投资保护主义，为东亚地区和全球经济的复苏与发展做出重大贡献。《投资协议》包括27个条款。该协议通过双方相互给予投资者国民待遇、最惠国待遇和投资公平公正待遇，提高投资相关法律法规的透明度，为双方投资者创造一个自由、便利、透明及公平的投资环境，并为双方的投资者提供充分的法律保护，从而进一步促进双方投资便利化和逐步自由化。《投资协议》的签署，标志着双方成功地完成了中国—东盟自由贸易区协议的主要谈判，中国—东盟自贸区如期在2010年全面建成。

中国—东盟自由贸易区是中国对外商谈的第一个自由贸易区，也是东盟作为整体对外商谈的第一个自贸区。2002年中国与东盟启动了自由贸易区的谈判，2003年"早期收获计划"正式实施，2004年签署了《货物贸易协议》，2007年签署了《服务贸易协议》。

建立中国—东盟自由贸易区，是中国和东盟合作历程中历史性的一步。它充分反映了双方领导人加强睦邻友好关系的良好愿望，也体现了中国和东盟之间不断加强的经济联系，是中国与东盟关系发展中新的里程碑。中国—东盟自由贸易区的建成，将会创造一个拥有18亿消费者、近2万亿美元国内生产总值、1.2万亿美元贸易总量的经济区。按人口算，这将是世界上最大的自由贸易区；从经济规模上看，将是仅次于欧盟和北美自由贸易区的全球第三大自由贸易区，也是发展中国家组成的最大的自由贸易区。

中国—东盟自由贸易区的建立，让中国与东盟之间的经贸关系面临着进一步发展的有利条件。首先是中国加入WTO，为双方存在的贸易投资等制度障碍扫清了道路。按照加入WTO的承诺，中国近年来大幅度降低了关税，减少并取消非关税壁垒。另外，中国的市场进一步开放，尤其是服务贸易领域的开放将为包括东盟在内的国外投资者提供广阔的商机。依据中国与东盟WTO成员国的谈判承诺，对东盟产品的关税水平在5年之内将削减34%~47%，快于中国关税平均削减的速度。其次是2010年1月1日东盟自由贸易区的启动，为中国与东盟自由贸易区的建立打下了良好的基础。东盟自由贸易区的加快建设无疑为中国—东盟自由贸易区提供了经验与参照，进而为双方经贸关系的发展提供了制度性保障。

亚太经济合作组织

亚太经济合作组织（Asia-Pacific Economic Cooperation，简称APEC）是亚太地区最具影响的经济合作官方论坛，总部设在新加坡。其精神是开放、渐进、自愿、协商、发展、互利与共同利益。共有21个成员，分别是中国、澳大利亚、文莱、加拿大、智利、中国香港、印度尼西亚、日本、韩国、墨西哥、马来西亚、新西兰、巴布亚新几内亚、秘鲁、菲律宾、俄罗斯、新加坡、中国台湾、泰国、美国和越南。1997年温哥华领导人会议宣布APEC进入10年巩固期，暂不接纳新成员。

诞生于冷战结束后

亚太经济合作组织（以下简称亚太经合组织）诞生于全球冷战结束的年代。20世纪80年代末，随着冷战的结束，国际形势日趋缓和，经济全球化、贸易投资自由化和区域集团化的趋势渐成为潮流。同时，亚洲地区在世界经济中的比重也明显上升。在此背景下，1989年1月，澳大利亚时任总理鲍勃·霍克提议召开亚太地区部长级会议，讨论加强相互间经济合作问题。1989年11月，澳大利亚、美国、日本、韩国、新西兰、加拿大及当时的东盟6国在澳大利亚首都堪培拉举行了亚太经合组织首届部长级会议，标志着这一组织正式成立。1991年11月，亚太经合组织第三届部长级会议在韩国首都汉城（现称首尔）举行，会议通过《汉城宣言》，正式确立了这一组织的宗旨和目标，即"为该地区人民的共同利益保持经济的增长与发展；促进成员间经济的相互依存；加强开放的多边贸易体制；减少区域贸易和投资壁垒"。

亚太经合组织采取自主自愿、协商一致的合作原则，所做决定必须经各成员一致同意认可。亚太经合组织的组织机构包括领导人非正式会议、部长级会议、高官会、委员会和专题工作组等。其中，领导人非正式会议是亚太经合组织最高级别的会议。

亚太经合组织总人口达26亿，约占世界人口的40%；国内生产总值之和超过19万亿美元，约占世界的56%；贸易额约占世界总量的48%。这一组织在全球经济活动中具有举足轻重的地位。自成立以来，亚太经合组织在推动区域和全球范围的贸易投资自由化和便利化、开展经济技术合作方面不断取得进展，为加强区域经济合作、促进亚太地区经济发展和共同繁荣做出了突出贡献。

APEC主要讨论与全球及区域经济有关的议题，如促进全球多边贸易体制，实施亚太地区贸易投资自由化和便利化，推动金融稳定和改革，开展经济技术合作和能力建设等。近年来，APEC也开始介入一些与经济相关的其他议题，如人类安全（包括反恐、卫生和能源）、反腐败、备灾和文化合作等。

自1989年成立以来，APEC经历了三个不同的发展阶段。初期发展阶段（1989—1992年），这一阶段APEC建立了它作为一个区域性经济组织的基本构架。第一、二届双部长会议上，各方就致力于地区自由贸易与投资和技术合作达成了某些共识，确定设立10个专题工作组开展具体合作。1991年通过的《汉城宣言》，作为APEC的基本章程，首次对该论坛的宗旨、原则、活动范围、加入标准等做了规定。1992年的曼谷会议决定在新加坡设立APEC秘书处，由各成员认缴会费，使APEC在组织结构上进一步完善。快速发展阶段（1993—1997年），自1993年APEC从部长级会议升格到经济体领导人非正式会议，发展进程加快。1993—1997年这5年，每年都有新的进展。调整阶段（1998年至今），亚洲金融危机直接影响到APEC进程，危机的受害者开始对贸易投资自由化采取慎重态度，在APEC内部，始于1997年的部门提前自由化在一定程度上超越了亚太地区的现实情况，难以按原有设想加以推进。经济技术合作得以保持发展势头，但因发达成员态度消极，要取得实质性进展仍需时日。1998年和1999年，APEC进入一个巩固、徘徊和再摸索的调整阶段。

APEC"大家庭精神"

APEC从一开始就是一个官方论坛，不是一个具有约束力的集团或谈判场所，但也不是一个空谈俱乐部，它有建立在共识基础上的宗旨、运作原则和具体行动，在亚太地区合作方面，起着战略上引导方向的作用。

APEC的"大家庭精神"是在1993年西雅图领导人非正式会议宣言中提出的。为本地区人民创造稳定和繁荣的未来，建立亚太经济的大家庭，在这个大家庭中要深化开放和伙伴精神，为世界经济作出贡献并支持开放的国际贸易体制。在围绕亚太经济合作的基本方针所展开的讨论中，以下7个词出现的频率很高，它们是：开放、渐进、自愿、协商、发展、互利与共同利益，被称为反映APEC精神的7个关键词。

在"大家庭精神"的指引下，APEC的5个运作机制都进展得十分顺利，它们分别是：

一、领导人非正式会议：每年下半年举行。自1993年以来共举行了10次，分别在美国西雅图、印尼茂物、日本大阪、菲律宾苏比克、加拿大温哥华、马来西亚吉隆坡、新西兰奥克兰、文莱斯里巴加湾、中国上海和墨西哥洛斯卡沃斯举行。

二、部长级会议：每年的领导人非正式会议前举行。由各成员外交部部长（中国台北、中国香港除外）和经贸部长出席。自APEC成立以来共举行了24届，其中1989年至1992年分别在澳大利亚堪培拉、新加坡、韩国汉城（今首尔）、泰国曼谷举行，此后则分别与当年领导人非正式会议同地举行。此外，APEC每年还举行一些专业部长级会议。

三、高官会：每年举行3至4次会议，一般由各成员司局级或大使级官员组成。高官会的主要任务是负责执行领导人和部长会议的决定，并为下次领导人和部长会议做准备。

四、委员会和工作组：高官会下设4个委员会，即：贸易和投资委员会（CTI）、经济委员会（EC）、高官会经济技术合作委员会（ESC）和预算管理委员会（BMC）。CTI负责贸易和投资自由化方面高官会交办的工作，EC负责研究本地区发展趋势和问题，ESC负责指导和协调经济技术合作，BMC负责预算和行政管理等方面的问题。此外，高官会还下设11个工作组，从事专业活动和合作。

五、秘书处：1993年1月在新加坡设立，为APEC各层次的活动提供支持与服务。秘书处负责人为执行主任，由APEC当年的东道主指派。

20多年来，APEC有过不少战略性的共识和决策，其中最重要的，莫过于"大家庭精神"和以承认多样性、允许灵活性、自主自愿和协商一致为主要内容的"APEC方式"。APEC的力量来源于它的多样性以及我们共同对大家庭的展望。按照APEC方式深化大家庭精神，对于APEC在本地区和全球发挥积极影响是至关重要的，它从战略高度为APEC的发展指明了方向，实际上是"APEC大家庭"的灵魂。

中国积极参与各领域合作

自中国加入亚太经合组织以来，亚太经合组织便成为中国与亚太地区其他经济体开展互利合作、开展多边外交、展示中国国家形象的重要舞台。作为亚太大家庭的一员，中国一贯重视并积极参与亚太经合组织各领域合作。

第一，自加入APEC后，中国从发展中国家的立场出发，参与APEC基本原则的讨论和制定。1991年11月，在出席加入APEC后首次部长级会议——第三届部长级会议上，中国代表就提出，亚太经济合作应坚持三项原则：多样性、互利性和开放性。在1993年西雅图第一次领导人非正式会议上，中国指出APEC应当是一个开放的、灵活的、生动活泼的、较为宽松的经济合作论坛和磋商机构，而不应成为一个封闭的、机制化的经济集团；提出亚太地区经济合作是遵循相互尊重、平等互利、彼此开放、共同繁荣的原则。1994年，在茂物会议上，中国对亚太经济合作的未来提出五项原则性建议：相互尊重、协商一致；循序渐进、稳步发展；相互开放、不搞排他；广泛合作、互利互惠；缩小差距、共同繁荣。1995年，在大阪会议上，中国提出了开展经济合作的五项主张：要把亚太经济的持续发展作为展开合作的根本目标；要为发展中成员经济秩序增长创造有利的外部条件；要坚持自主原则；要尊重差别，把握贸易投资自由化的合理速度；要实行贸易投资自由化与经济技术合作并重的方针。

第二，参与APEC的贸易投资自由化行动。尽管作为发展中国家，推行贸易投资自由化对于国内产业将造成较大的冲击，但中国在加入APEC后还是积极参与了APEC的主要贸易投资自由化行动。1995年，在大阪会议上，时任中国国家主席江泽民宣布了中国对APEC贸易投资自由化的"首次投入"，包括从1996年起大幅度降低进口关税（平均关税水平从35.9%降至23%）等内容。1996年11月，中国与其他APEC成员一道提交了贸易投资自由化单边行动计划。到1998年，中国也同其他原17个成员一样提交了三次单边行动计划。中国还积极参加APEC贸易投资自由化的集体行动，加强与APEC其他成员的协调和合作，以共同推进APEC的贸易投资自由化。

第三，积极推动APEC的经济技术合作。在APEC成员中，中国一贯主张经济技术合作与贸易投资自由化、便利化的均衡发展，强调成员之间密切合作对增强经济增长潜力，尤其是对发展中成员的重要性。在APEC经济技术合作的众多领域中，我国积极参与了人力资源开发、产业科学与技术、能源、贸易和投资数据、贸易促进、海洋资源保护、农业技术合作、技术设施建设等项目，并根据领导人会议的承诺，选择了5个对APEC开放的高科技工业园区，在各成员高科技工业园之间建立了密切的合作关系。这些方面的具体行动，发挥了我国作为发展中成员的优势，是对APEC经济技术合作的积极贡献。

第四，促进经济增长，稳定地区经济。中国是APEC成员中最大的发展中国家，也是亚太地区最具潜力的大市场，多年来，我国经济持续增长，是APEC成员中表现最出色的经济体之一。在亚洲金融危机期间，我国经济仍能保持较快增长，并且坚持人民币不贬值，避免了各国货币竞相贬值，使地区经济陷入恶性循环的不良局面。20世纪90年代以来，我国从APEC成员的进口年增幅保持在11%左右，为各成员的资金提供了安全的、可预见的、具有巨大盈利潜力的投资环境。因此，中国经济持续增长，对于稳定亚太地区经济发挥了至关重要的作用，这也是推进APEC进程所必需的宏观经济基础。

亚太地区是中国对外经济贸易的重要依托。中国对外贸易的大约70%、吸引外国直接投资的70%以上来自亚太经合组织成员，中国的发展很大程度上受益于区域经济。中国在亚太经合组织内发挥着极具建设性的作用。中国通过参加亚太经合组织的一系列活动，推动国际秩序朝着更加公正合理的方向发展。

大湄公河次区域经济合作

　　大湄公河次区域经济合作，由亚洲开发银行在1992年发起，涉及湄公河流域内的6个国家：中国、缅甸、老挝、泰国、柬埔寨和越南，旨在通过加强各成员国间的经济联系，促进次区域的经济和社会发展。大湄公河次区域经济合作建立在平等、互信、互利的基础上，是一个发展中国家互利合作、联合自强的机制，也是一个通过加强经济联系，促进次区域经济社会发展的务实的机制。

国际合作是大势所趋

　　湄公河是亚洲一条重要的国际河流，中国境内段称为澜沧江，中国境外段称为湄公河。澜沧江—湄公河发源于中国青藏高原唐古拉山，自北向南流经中国青海、西藏、云南3省区和缅甸、老挝、泰国、柬埔寨、越南5国，于越南胡志明市附近注入南中国海，全长4880千米。所谓的大湄公河次区域是指澜沧江—湄公河中下游流经的区域，即东南亚、南亚和中国大西南的结合部。次区域涉及澜沧江—湄公河流域内的中国、缅甸、老挝、泰国、柬埔寨、越南，面积256.86万平方千米，总人口约3.2亿，连接中国和东南亚、南亚地区，地理位置十分重要。

　　大湄公河次区域涵盖了多种气候类型，又兼具多种地理特征，蕴藏着丰富的水资源、生物资源和矿产资源，经济潜能和开发前景巨大。次区域内居住着多个民族，建筑、风情、服饰、宗教习俗各不相同。次区域各国还拥有不少名胜古迹，包括中国的丽江古城、缅甸的仰光大金塔、老挝的琅勃拉邦古都、柬埔寨的吴哥窟、泰国的大王宫和越南的下龙湾等。

大湄公河次区域拥有丰富的生物多样性资源、农业资源、水能资源、矿产资源、土地资源、人力资源、人文资源和旅游资源，区位优势特别明显，在资源和市场方面具有较强的互补性，充满着巨大的贸易和投资机会，具有极大的发展潜力。

深入一点看，大湄公河次区域腹地涉及东南亚和南亚的许多国家和地区，大约拥有20亿人口，是当今世界经济最具活力的地区之一，也是世界重要的战略物资补给地，有望成为21世纪世界和亚洲新兴的巨大市场。

不过湄公河流域虽然资源丰富，但由于沿岸各国大多经济发展落后，没有能力独立开发和利用这些宝贵的资源。另外，这一流域的开发综合性很强，涉及航运、水能、林业、矿业、农业、渔业、旅游、环境保护、贸易、投资、人力资源、禁毒等十多个领域，是一个庞大的系统工程。据估算，至少需要投入2000多亿美元才能见效。对于资金、技术和人才都十分缺乏的流域内各国来说，独立有效的开发是很难做到的事。显然，只有走合作开发的路子才有可能，而且，还必须广泛动员国际力量的参与。大湄公河次区域经济合作正是在这种情况下应运而生的。

务实合作

1992年，亚洲开发银行（以下简称亚行）发起了大湄公河次区域合作项目，英文简称GMS。当年10月，在马尼拉亚行总部首届大湄公河次区域合作会议上（从第二届起，正式称为"部长级会议"），确立了合作总体框架。参加该会议的除湄公河下游沿岸5国外，还有湄公河上游国家中国。中国的参与对于大湄公河流域的整体开发和利用是不可或缺的。会议文件将大湄公河次区域界定为"柬、老、缅、泰、越和中国云南省"。会议决定，今后每年召开一次6国部长级会议，并确定8个主要合作领域，即：交通、能源、环境与自然资源管理、人力资源开发、贸易和投资、旅游、通信和禁毒。

大湄公河次区域合作是湄公河开发3个国际合作机制中起步较早，并取得实质性进展的机制。自1992年迄今，亚洲开发银行为湄公河流域国家的基础设施建设累计提供贷款34.29亿美元，帮助融资50多亿美元，已经在运输和能源等领域完成了多个项目。亚行除向湄公河开发项目提供技术援助外，还利用自身的影响和担保作用，呼吁西方发达国家尤其是私人投资者为这些备选项目提供融资。湄公河沿岸各国政府也十分重视大湄公河次区域合作项目。目前大湄公河次区域合作的重点是加强次区域的基础设施建设和有关税及贸易易投资政策等软环境建设。

大湄公河次区域经济合作以项目为主导，比较务实。截止到2007年底，6个成员国在交通、能源、电信、环境、人力资源开发、投资、贸易、旅游、农业等领域实施了180个合作项目，动员资金总额约100亿美元。其中，贷款项目34个，投资近98.7亿美元；技术援助项目146个，赠款金额超过1亿美元。这些项目对次区域各国经济社会发展起到了重要推动作用。

强大吸引

20世纪90年代以来，澜沧江—湄公河流域国际区域合作引起了国际社会的广泛关注。自20世纪90年代初亚洲开发银行倡导大湄公河次区域合作以来，日本、欧美、东盟及其他发达国家和国际组织也先后介入该地区，纷纷参与到该区域合作中来。

日本一直是湄公河开发的重要捐助国，20世纪80年代末，日本在向东南亚大举推出直接投资的同时，也对湄公河流域进行了大量调查研究。随着亚洲开发银行推出大湄公河次区域合作计划，日本加大了参与力度，日本外务省先后主导并召开了"印支综合开发论坛"，日本经团联海外咨询企业协会对澜沧江—湄公河全流域经济、社会、投资、贸易、产业进行了大量研究，形成了日本参与湄公河开发合作的一整套计划。同时，日本还积极要求参加东盟—湄公河流域开发合作机制，并已获准成为该合作机制的核心国。

20世纪70年代以前，美国曾较多地参与了湄公河的开发。越战结束后，美国的直接参与有所减少，主要是通过国际机构和跨国公司发挥影响。欧洲及其他西方国家大部分是通过官方的开发援助和直接投资，捐助开发和研究等方式参与澜沧江—湄公河的开发合作。如澳大利亚、新西兰、瑞典等国积极参与湄公河开发，以官方开发援助和人力资源开发为主。英法等国在多极化的推动下，重点的投资、捐助和合作主要集中在原旧殖民地国家。欧盟及其他欧洲国家以亚欧首脑会议为契机，对湄公河开发也有一定兴趣，已在"共同合作湄公河开发计划"方面达成共识，表示积极支持开发合作。

东盟近年来也越来越重视湄公河流域的开发合作。1995年，第五次东盟首脑会确定了东盟走向21世纪的战略发展目标，决定加快东盟经济政治一体化的进程，并将"东盟自由贸易区"计划从2008年提早到2003年实现。为了实现10国"大东盟"计划，东盟积极地介入湄公河开发计划，考虑到东盟的几个新盟员是该地区经济较不发达的国家，同时又由于经济、社会、政治、法律制度及历史文化背景与原东盟成员国之间有较大差异和距离，为了尽快使新成员国融入东盟，同时又考虑到这一地区与中国的密切关系，1996年6月在吉隆坡召开了东盟—湄公河流域开发合作第一次部长级会议，通过了《东盟—湄公河流域开发合作基本框架》，其目的是提高湄公河流域国家的经济水平，加速将湄公河沿岸国如老挝、缅甸和柬埔寨纳入东盟的轨道；同时，也将"东盟—湄公河流域开发合作"作为东盟与中国经济合作关系的重要组成部分。

作为湄公河上游国家，中国很早便与下游国家达成共同开发利用澜沧江—湄公河的共识，并提出国际航运开发是首要任务。1994年和1997年中国先后与老挝、缅甸签订了《澜沧江—湄公河客货运输协定》。此外，中国还在水文资源共享方面，与湄公河委员会进行了友好的合作，向其提供澜沧江汛期水文资料。中国还利用澜沧江丰富的水力资源，与泰国合资兴建景洪水电站，建成后将向泰国提供电力。

自1992年起，中国政府先后参加了由亚行倡导的大湄公河次区域合作、由东盟倡导的东盟—湄公河流域开发合作及中、老、缅、泰四国毗邻地区的"黄金四角经济合作"等机制，还与湄公河委员会建立了对话关系。

在2002年11月的第一次大湄公河次区域经济合作领导人会议上，中国提出了推动合作的三项建议，即平等协商、互利互惠；以项目为主、注重实效；突出重点、循序渐进，受到与会各国的欢迎。中国正在成为该地区合作的主要倡导者和执行者。

新亚欧大陆桥

新亚欧大陆桥是世界上第二条横跨亚欧大陆的跨国铁路，它东起中国连云港，西至荷兰鹿特丹港，连接了太平洋和大西洋，是目前亚欧大陆东西最为便捷的通道。

沟通中亚，连接亚欧

1992年12月1日，横贯亚欧两大洲的铁路大通道——新亚欧大陆桥开通运营。新亚欧大陆桥是从中国连云港到荷兰鹿特丹港的铁路联运线，全长10800多千米，途经中国、哈萨克斯坦、俄罗斯、白俄罗斯、波兰、德国、荷兰7个国家。新亚欧大陆桥的贯通，使世界交通运输发生了新的变化，它为亚太地区与欧洲国家经济、贸易、科技和文化交流开辟了一条便捷安全的国际通道。

改革开放后，中国把修建新亚欧大陆桥这条钢铁通道，作为对外开放、加快中西部地区发展的一个重要举措，因此十分重视。1985年，在铁路建设资金十分紧张的情况下，中国政府投资修建了兰新铁路乌鲁木齐至阿拉山口段460千米长的铁路。1990年9月1日，兰新铁路乌鲁木齐至阿拉山口段通车，并开行了首趟乌鲁木齐至阿拉山口的旅客列车。1990年9月12日，在中国阿拉山口与苏联德鲁日巴站之间，兰新铁路与土西铁路接轨，宣告了东起我国的连云港、西至荷兰的鹿特丹，连接太平洋、大西洋，横跨亚欧两大洲、全长10800千米的新亚欧大陆桥全线贯通。

随后，新亚欧大陆桥虽然经历了苏联解体，但开办国际客货运输的努力没有中断。1992年6月20日，开行乌鲁木齐至哈萨克斯坦阿拉木图13/14次国际直通旅客列车。1992年12月1日，阿拉山口站正式向第三国开放，并开办国际货物运输。

20多年来，铁道部、乌鲁木齐铁路局在保口岸增运、增收，根据国内外经济变化对进出口贸易的影响，积极制定措施，最大限度地提高阿拉山口铁路口岸进出口货物运量，在积极推进国际联运和外事管理的基础上，不断提高和改进了铁路口岸国际联运工作。

"新亚欧大陆桥"分北、中、南三条线：

北线：由哈萨克斯坦阿克套北上与西伯利亚大铁路接轨，经俄罗斯、白俄罗斯、波兰通往西欧及北欧诸国。

中线：由哈萨克斯坦往俄罗斯、乌克兰、斯洛伐克、匈牙利、奥地利、瑞士、德国、法国至英吉利海峡港口转海运，或由哈萨克斯坦阿克套南下，沿吉尔吉斯斯坦边境经乌兹别克斯坦塔什乾及土库曼斯坦阿什哈巴德西行至克拉斯诺沃茨克，过里海达阿塞拜疆的巴库，再经格鲁吉亚第比利斯及波季港，越黑海至保加利亚的瓦尔纳，并经鲁塞进入罗马尼亚、匈牙利通往中欧诸国。

南线：由土库曼斯坦阿什哈巴德向南入伊朗，至马什哈德折向西，经德黑兰、大不里士入土耳其，过博斯普鲁斯海峡，经保加利亚通往中欧、西欧及南欧诸国。

地理位置得天独厚

大陆桥是指横贯大陆的铁路，把两侧的海上运输线联结起来的便捷运输通道，它的主要功能是便于开展海陆联运，缩短运输里程。而在这方面，新亚欧大陆桥有其得天独厚的地理优势和资源优势。

新亚欧大陆桥的东西两端连接着太平洋与大西洋两大经济中心，基本上属于发达地区，但空间容量小，资源缺；而其辽阔狭长的中间地带亦即亚欧腹地，除少数国家外，基本上都属于欠发达地区，特别是中国中西部、中亚、西亚、中东、南亚地区，地域辽阔，交通不够便利，自然环境较差，但空间容量大，资源富集，开发前景好，开发潜力大，是人类社会赖以生存、发展的物华天宝之地。这里是世界上最重要的农牧业生产基地，粮、棉、油、马、羊在世界上占有重要地位。这里矿产资源有数百种，其中，金、银、铜、铁、铀、铅、锌、铂、镍、钛、锑、汞、铬、镁、钠、钾、钒、铝、钨、锰、钼、磷、硼等均享誉世界。能源尤为富集，煤炭储量2万亿吨以上，石油储量约1500亿吨，天然气储量近7500亿立方英尺，堪称世界"能源之乡"。因此，新亚欧大陆桥通过区域，在经济上具有较强的相互依存性与优势互补性，蕴藏了非常好的互利合作前景。

新亚欧大陆桥通车至今，经历了三个发展阶段。第一阶段：从1992年开通到1997年，年过境箱量超过3.02万标箱。第二阶段：1997年以后，受国际大环境影响曾一度低迷。第三阶段：2000年至今，运输业务又逐渐好转。2006年从连云港上岸的过境箱量达4.99万标箱，突破1997年的箱量3.02万标箱最高纪录，为促进中西部开发建设和繁荣我国与中亚等国的贸易往来发挥了巨大作用。

现代国际货运大动脉

回顾20多年的光辉历程，新亚欧大陆桥成为各国之间、经济组织之间开展经济、文化合作和交流的富有成效的载体，其国际合作和交流全面推进。

首先，新亚欧大陆桥推动了沿线国家和地区的双向开放与共同发展。新亚欧大陆桥是举世公认的国际物流通道，受到国际社会的广泛关注和重视，许多国家纷纷采取行动，致力于新亚欧大陆桥开发的国际合作。1998年7月，中国、哈萨克斯坦、吉尔吉斯斯坦、俄罗斯和塔吉克斯坦等5国领导人在阿拉木图会晤，会晤后，5国领导人签署了联合声明，随后5国在上海签署了关于在边境地区加强军事领域信任的协定等重要文件；2004年5月，中哈两国铁道部在北京正式签署了两国铁路运输合作协定；2005年7月，国家主席胡锦涛访问哈萨克斯坦，与哈国总统签署了《中哈关于建立和发展战略伙伴关系的联合声明》。多项运输合作协定的签订，有力地提升了中国与中亚国家双方的经贸合作水平，促进了双方的经济繁荣与发展。

其次，新亚欧大陆桥促进了亚欧两大洲的经济互补。一方面，对于日本和西欧等发达国家来说，这一区域是一个人口众多、资源丰富的巨大市场，是它们输出资金、技术和管理的理想之地；对中国、中亚和东南亚国家来说，通过沿桥开放，可以更好地吸收国际资本、技术和管理经验，加快经济振兴。另一方面，亚太地区经济的恢复增长和迅速崛起，越来越需要开拓欧洲市场，而欧盟为谋求发展也需要到亚太地区寻求贸易伙伴，选择投资对象，亚太与欧洲的双向辐射越来越明显。

展望新亚欧大陆桥，它不仅仅是一条负荷运载的铁路，而且是前景广阔的促进商品经济大流通、东西经济大融合的经济带。根据国际大通道的实践和新亚欧大陆桥的实践，可以展望，新亚欧大陆桥的发展将大体经历三个阶段：1. 准备与起步阶段（2000年之前）。这一阶段内，工作的重点是按照大陆桥运营的要求，加强口岸建设，完善基础设施，制定法规政策，搞好人才培训，积累经验，提高管理水平，强化对外宣传，沿途国家达成运营协议，做好大陆桥全线顺利通车的一切准备。2. 成长与发展阶段（2000—2010年）。在这一阶段，新亚欧大陆桥的基础设施与业务水平显著提高，逐步适应了陆桥运输的需要，其优势所带来的经济效益显著提高，逐步为各有关方面所重视，集装箱运量迅速增加。据预测，到2010年，集装箱运量将迅速增加，可达20万~50万箱，对我国经济的辐射作用也日趋增强。3. 稳定与成熟阶段（2010年后）。在这一阶段，新亚欧大陆桥作为亚欧主导运输的地位将进一步得到确立，火车集装箱运输定期化；随着太平洋时代的到来，集装箱运量继续增加；科学技术的进步，推动着大陆桥运输的现代化、信息化，高速铁路、多轨铁路与磁悬浮列车将投入使用，新亚欧大陆桥成为沟通亚太地区与欧洲经济运输、现代国际货代物流的大动脉和"公海"大通道。

泛亚铁路

按照2010年《亚洲铁路网政府间协定》，在不久的将来，亚欧大陆上4条泛亚铁路，纵横交错的干线和支线将编织起一个巨大的经济合作网，把欧亚两大洲连为一体。而这4条线路中，有3条经过了中国，使中国在泛亚铁路网的建设中发挥着中心作用。而中国在泛亚铁路中做出的努力、中国经济的快速增长和对外贸易的不断攀升，将使中国成为推动这一地区经济合作和一体化进程的主导力量。

筹划近50年的"钢铁丝绸之路"

2010年4月10日，亚洲18个国家的代表在韩国釜山正式签署了《亚洲铁路网政府间协定》，筹划了近50年的泛亚铁路网计划最终得以落实。

泛亚铁路是一个贯通亚欧大陆的货运铁路网络。泛亚铁路的概念据称缘于泛欧铁路的概念（为了加快区域经济快速发展，在20世纪90年代，欧洲做了一个泛欧高速铁路网的规划，规划新建线路12500千米，改造既有线路14000千米，形成连接欧洲所有主要城市的高速铁路网）。不过早在1960年，就有人提出过在亚洲修建一条跨国铁路，背景目标是提供一条长14000千米的完整铁路，连接新加坡及土耳其伊斯坦布尔，并计划延伸至欧洲及非洲。当时几个亚洲国家对修建从新加坡到土耳其的贯通铁路进行了可行性研究。但碍于此后的政治和经济障碍，直到冷战结束、东西方关系正常化，计划才重现前景。

1976年，泛亚铁路的构想得到扩展，一些连通非城市地区和港口的铁路也被纳入规划。1995年，"泛亚铁路"被明确提出。当年12月的东盟第五届首脑会议上，时任马来西亚总理的马哈蒂尔提出修建一条超越湄公河流域范围，从马来半岛南端的新加坡，经马来西亚、泰国、越南、缅甸、柬埔寨到中国昆明的"泛亚铁路"倡议。该倡议立即得到了东盟首脑和中国的认同。

1999年9月15日、16日，东盟在越南河内召开第五次交通部长会议，研讨"泛亚铁路"路网问题并签署了谅解备忘录，以增强东盟诸国间的交通连接。泛亚铁路纵贯中南半岛，建成后将成为一条重要的国际通道。

泛亚铁路网中的铁路设施大多已经存在，大多数国家将保有原路轨而不另建新轨。至2001年，共规划了4条线路，它们被称为"钢铁丝绸之路"，以这4条线路为框架可以把亚欧两大洲连为一体。

北路通道全长3.25万千米，连接欧洲和太平洋，沿途经德国、波兰、白俄罗斯、俄罗斯、哈萨克斯坦、蒙古、中国至朝鲜半岛。在波白（由标准轨至1520毫米阔轨）、中哈及中蒙（由1520毫米阔轨至标准轨）边界换轨。此线大部分与将货物由远东经莫斯科运送到欧洲的西伯利亚铁路重叠。由于朝鲜的政治因素，韩国的货物须经海路运至符拉迪沃斯托克上火车。

南路通道全长2.26万千米，横贯中国和印度这两个地区大国，连接土耳其、伊朗、巴基斯坦、印度、孟加拉国、缅甸、泰国，然后分别进入中国云南，以及经马来西亚进入新加坡。在伊巴（由标准轨距至1676毫米阔轨）、印缅（由1676毫米阔轨至1000毫米窄轨）和中泰（由1000毫米窄轨至标准轨）边境需要或将要换轨。

南北走廊长达1.32万千米，连接北欧与波斯湾。主线始于芬兰赫尔辛基，穿越俄罗斯国土至里海，然后分成三条支线：西线经阿塞拜疆、亚美尼亚入伊朗西部；中线以火车轮渡经里海进入伊朗；东线经哈萨克斯坦、乌兹别克斯坦和土库曼斯坦入伊朗东部。三线在伊朗首都德黑兰会合，最后抵达阿巴斯港。

东盟通道全长1.26万千米，过境国家包括柬埔寨、老挝、马来西亚、缅甸、越南、泰国、新加坡和印尼。印尼是整个铁路网的最南端。该路线是连接东盟成员国和中国的桥梁。

泛亚铁路中国段

按照中国的《中长期铁路网规划》，2020年前将有3条连接中国与东南亚的高铁线路建成通车。3条"高铁"的中方起点都设在云南省会城市昆明。一是东线方案，由新加坡经吉隆坡、曼谷、金边、胡志明市、河内到昆明；二是中线方案，由新加坡经吉隆坡、曼谷、万象、尚勇、祥云（玉溪）到昆明；三是西线方案，由新加坡经吉隆坡、曼谷、仰光、瑞丽到昆明。建成之后，泛亚铁路中国云南段将会取代滇越铁路昆河段的地位，中国将拥有直达印度洋出海口的高速通道。目前这3条线路在中国境内的部分项目均纳入了中国《中长期铁路网规划》。

目前东线中国境内蒙自至河口铁路正在全力推进当中，已完成投资34.2亿元，占批复概算的49.4%。初步预计泛亚铁路东线中国境内段将于2013年全线贯通。

2012年9月26日，随着最后一节铁轨在云南省通海县秀山隧道出口处落下，泛亚铁路东线的重要组成部分玉（溪）蒙（自）段全线铺通，并于年内开通运营。该线路全长141千米，设计时速120千米，项目批复投资45亿元人民币。全线隧道35个、桥梁61座，桥隧共计77.84千米，占线路总长度54.95%，2005年9月开工建设。

玉蒙铁路的铺通改变了滇南没有准轨铁路的历史，也将滇南地区和滇中以及全国连接在一起。通车后，玉蒙铁路将与原有的昆（明）玉（溪）铁路和在建的蒙（自）河（口）铁路相连接，并从河口出境与越南铁路网连通，是泛亚铁路东线的重要组成部分。

中线全长3894千米，是中国西南、西北等地区通往老挝、泰国、马来西亚、新加坡等东南亚核心地区最顺直的通路，建成后，这一区域将形成铁路、公路和水路三种运输方式并重的协调发展格局。

按照整体规划，中老铁路是中国泛亚铁路建设规划中通路项目。设计中的中老铁路项目，起于中老边境的口岸磨憨，向南依次经过老挝境内的孟赛、琅勃拉邦、万荣，至老挝首都万象。老挝境内新建铁路工程线路长度约421.17千米，其中路基147.87千米，桥梁86.8千米，隧道186.5千米，桥隧比66%，全线设车站17个，是兼具城际旅游功能、促进地方资源开发的客货共线快速铁路。由于老挝经济落后，中老铁路项目从线路规划、可行性研究到具体的设计和开工准备，整个前期工作都是由中国垫资完成的。

西线方案线路全长约2600千米。其中，昆明至仰光铁路全长约1920千米，中国境内段昆明至瑞丽铁路全长690千米。

问题与展望

由于是国际合作，泛亚铁路在修建和运行中都面临着一些问题。首先，在技术上，最大的障碍是亚洲的铁路轨距不同。东南亚国家绝大多数使用轨距为1000毫米的窄轨；中国、伊朗、土耳其的铁路是轨距1435毫米的标准轨；印度、巴基斯坦的铁路和孟加拉国的部分铁路，轨距为1676毫米，属于宽轨；俄罗斯和中亚的那些独联体国家，铁路也是宽轨，轨距是1520毫米。4种不同的轨道，有不同的技术标准，连接起来困难很大，在互相交接的地方必须换另一种列车。

而且，亚洲现有的铁路多数年代久远，总体上需要更新换代，而不仅仅是更换类似铁轨、信号灯等部分硬件。例如，从云南到缅甸或泰国的铁路大都修建于19世纪八九十年代。还有多条铁路上甚至缺少足够的货运车厢。

其次，在国际协商上。通过查看地图可以发现，计划中的泛亚铁路网还存在着几处断线，缅甸和泰国之间还没有铁路。要把中国、泰国和孟加拉国连接起来需要一条穿越缅甸的铁路，但缅甸基础设施落后，铁路发展不完善，这条铁路必需从头建起。另外，南部走廊还缺少一条从伊朗中部到巴基斯坦的铁路。至于通关、边检，也需要各国协商。按照泛亚铁路网的规划地图是涵盖了整个朝鲜半岛的，但政治因素使得韩国和朝鲜两国间铁路运营暂时无法实现。

统一泛亚铁路所经国家的海关、检疫、安全检查以及一些文件填报程序也不是一朝一夕的事情。每年高达2000亿美元的资金需求更是泛亚铁路网不得不面对的残酷现实。泛亚铁路是多边的协调，国家越多，协同的难度就越大，这里面不仅有经济和基础设施的考虑，还有政治、安全、民族等多重因素，对于泛亚铁路中的任何一条线，多国协商、谈判可能都不是一件轻而易举的事情。

最后，在资金上。1995年马来西亚力倡泛亚铁路，就是因为当时东盟的经济处于一个非常好的时期，但现在，很多亚洲国家，包括东南亚国家在内，要投入巨资修建自己境内的铁路还力不能及，但国际铁路如果不能同步建设，就谈不上互相连接。以老挝为例，2012年10月18日，老挝第七届国会特别会议审议通过政府向中国全额贷款70亿美元，才使得中老边境及老挝首都万象的铁路项目得以启动。

泛亚铁路是把整个亚洲连接互通的宏伟工程。这个蓝图一旦实现，从理论上讲，从韩国上火车，可以一路坐到伊斯坦布尔，从新加坡上火车，可以到达哈萨克斯坦，直至进入俄罗斯。当然，从客运角度讲，很少有人会做这样的选择。但从货运的角度讲，这样的陆地长距离运输格局还是有相当大意义的。

泛亚铁路的形成，东南亚各国还可以通过昆明进入中国西部地区，并连通第二亚欧大陆桥。这是一座连接亚、欧、非三大洲的最大的"桥梁"和通道。泛亚铁路沿北部路线的延伸路线，可横穿整个亚欧大陆，并通过英吉利海峡海底隧道，连接欧洲西端的英国，成为一条"欧亚洲际大动脉"。

田湾核电站

　　田湾核电站位于江苏连云港，1999年10月20日正式开工建设，田湾核电站是中俄两国在加深政治互信、发展经济贸易、加强两国战略协作伙伴关系方针推动下，在核能领域开展的高科技合作，是两国间迄今为止最大的技术经济合作项目，也是我国"九五"计划开工的重点核电建设工程之一。

中俄共建中国单机容量最大核电站

　　田湾核电站厂址位于江苏省连云港市连云区田湾，厂区按4台百万千瓦级核电机组规划，并留有再建4台的余地。一期工程建设2台单机容量106万千瓦的俄罗斯AES-91型压水堆核电机组，设计寿命40年，年平均负荷因子不低于80%，年发电量达140亿千瓦时，是中国大陆最大的核能发电站。

　　田湾核电站是中国和俄罗斯技术合作项目。根据中俄两国政府协议和总合同，俄方负责田湾核电站总的技术责任和核岛、常规岛设计及成套设备供应与核电站调试，中方负责工程建设管理、土建施工、围墙内部分设备的第三国采购、电站辅助工程和外围配套工程的设计、设备采购及核电站大部分安装工程。核电站配套的输变电线路工程和调峰设施，由江苏省电力系统负责建设。

　　田湾核电站1号机组1999年10月20日浇筑第一罐混凝土。2005年10月18日开始首次装料，12月20日反应堆首次达到临界，2007年5月17日正式投入商业运行。2号机组于2000年9月20日浇筑第一罐混凝土，2007年5月1日反应堆首次达到临界，5月14日首次并网成功。2号机组于2007年底前投入商业运行。两台机组全部投入商业运行后，为华东电网新增了212万千瓦的发电能力。

田湾核电站采用的俄AES-91型核电机组是在总结WWER-1000/V320型机组的设计、建造和运行经验基础上，按照国际现行核安全法规，并采用一些先进技术而完成的改进型设计，在安全标准和设计性能上具有起点高、技术先进的特点。其主要技术特点包括：反应堆厂房采用双层安全壳、安全壳预应力张拉系统采用新型倒U形50束钢缆张拉方式、安全系统采用完全独立和实体隔离的4通道（N+3）、设置堆芯熔融物捕集器与冷却系统等缓解严重事故后果的安全设施、使用铀—钆一体化全锆先进燃料组件、采用全数字化仪控系统等。

田湾核电站概率安全评价表明：发生堆芯严重损坏或熔化事故的概率小于3.3×10^{-6}/堆年（当前世界上运行的核电站一般为10^{-4}/堆年），发生严重放射性泄漏事故的概率不超过6.4×10^{-8}/堆年（当前一般为10^{-5}/堆年）。田湾核电站的安全性、可靠性和经济性与西方正在开发的先进压水堆的目标一致，在某些方面已达到国际上第三代核电站的要求。

二期工程顺利开展

2008年11月6日中俄总理第十二次定期会晤期间，在时任国务院总理温家宝和俄罗斯总理祖布科夫见证下，江苏核电有限公司总经理蒋国元和俄罗斯原子能建设出口公司总裁什马特科签订了合作建设田湾核电站扩建项目原则协议。根据签署的合作文件，俄罗斯将在中国开建田湾核电站3、4号机组，合同价值几十亿美元，是两国核能合作又一重要进展。

2012年12月27日，田湾核电站二期工程浇灌第一罐混凝土。之前，由国家能源局、国家核安全局、国家原子能机构等国家监管部门组成的检查团对开工前准备情况进行检查，中国核工业集团公司、俄罗斯国家原子能集团公司、中国核工业建设集团公司等中外单位共同参加了本次检查，并在施工现场做开工前动员。

检查组认为，田湾核电站二期工程设计上满足我国现行核安全法规要求和国际原子能机构最新核安全标准要求，符合《核安全与放射性污染防治"十二五"规划及2020年远景目标》中新建核电项目的安全要求，具备较完善的严重事故预防和缓解措施，满足第三代核电技术标准，现场浇灌第一罐混凝土前垫层、防水、钢筋绑扎、预埋件施工已经完成，具备开工条件。

检查结束后，田湾核电站二期工程正式开工建设。田湾核电站3、4号机组项目以田湾核电站1、2号机组为参考电站，采用俄罗斯WWER1000压水堆技术。根据承包合同，田湾核电站3、4号机组由业主全面负责。中国核工业集团公司作为承包方，负责厂址准备、核岛技术支持、核岛/常规岛联合设计、核岛中俄转中供设备的采购、常规岛及BOP设计及设备采购、全厂建安工作、调试支持、仓储管理、取证支持等工作，并为田湾业主负责的商业运行及竣工验收工作提供技术支持和服务。

中俄有望合建移动核电站

俄罗斯大部分的领土是位于高寒的西伯利亚平原，小型移动核电站被看作是解决偏远地方和远东地区的能源短缺问题的方法。俄罗斯的第一个移动式核电站诞生于1961年。这个小型核电站被装在一个加长底盘上，总重90吨，发电能力1.5兆瓦，一次装料可工作一年。目前俄罗斯是移动核电站领域技术最成熟的国家。

对于我国来说，这种移动核电站对一些偏远的山村地区来说也是十分值得借鉴的。因此在2005年，中国就和俄罗斯签署了一项8650万美元的协议，计划共同建造世界上第一座可移动式的水上微型核电站。根据协议，中国主要负责核电站的主体建设，而俄罗斯则主要着手核能反应堆的设计。据介绍，该核电站将建在俄罗斯北部的阿尔汉格尔斯克州北德文斯克市白海之滨，主要为该地区的谢夫马什北方造船厂提供电力和热能。建成的核电站将有140米高，30米宽，拥有21000吨的排水量，俨然一座可移动的10层高楼。

这座核电站将配备2个发电机组。虽然其功率只有标准核电站的1/150，却足以供应北方造船厂的生产和生活用电。该核电站拥有70兆瓦特的发电量，及150千兆/小时的最大热容量，足以供应20万人口城市的用电。岸上还建有配套设施，如变压装置、泵站、供暖站等。核电站不仅可用于供电、供暖，还可以进行海水淡化。

另外，该核电站的设计还涵括了各种反恐技术，并采用了封闭式回收技术及复合式密封安全系统。核电站采取的水下防护手段将有效地阻止潜水者及潜水艇接触核燃料。甚至连工作人员出入也要通过凭指纹和眼睛虹膜识别，令恐怖分子毫无可乘之机。同时，核电站还考虑到其他物体对反应堆的破坏力，设置5个独立的安全屏障，使像波音飞机这样的大物体也无法毁坏反应堆。该工程于2006年开工，并于2011年竣工。据专家说，这种技术对环境没有任何核辐射。

时至今日，中俄有可能进一步扩大在移动核电站方面的合作。在中国江苏省田湾核电站第二阶段开工仪式上，俄国表示愿和中国一同建设游动核电站，中国将负责为核电站建设拖船，俄罗斯负责核电站的建设。

目前这座游动核电站的基础是小型核反应堆的制造工艺，以此为基础的核反应堆已在破冰船和潜艇顺利工作多年。预计2014年前俄罗斯将批量生产小型核电站。这些核电站的使用寿命为36年，造价相对低廉且生态效益良好，将为乡镇等人口较少的地区提供动力和暖气。这座核电站至少10年不需添加燃料，功率足于保障10万人口的城市供暖和照明。连同岸边结构的建设，核电站总造价约为6亿美元，10年内可收回成本。

俄罗斯"东方工业"产业园

俄罗斯作为经济大国，有着辉煌的历史、繁荣的现在和更值得期待的未来。而中国近年的发展势头十足，中俄两国互为战略合作伙伴，在一定程度上讲是一种"强强联合"，"东方工业园"则是这种联合的最好体现。

俄罗斯入世带来了机遇

2011年11月10日，经过18年的艰苦历程，俄罗斯正式完成了"入世"谈判。2012年8月22日，俄罗斯正式成为世界贸易组织第156个成员，世贸组织由此覆盖98%的国际贸易。

根据入世协议，俄国需要将三分之一的商品从入世之日起下调进出口关税，四分之一的税目将在3年内调整到位。到2015年，俄国总体关税水平将比以前下降约3.5%~6%，部分敏感商品的保护期为5~7年。在入世协议中，俄罗斯签署了57个货物贸易市场准入双边协议和30个服务贸易市场准入双边协议。除部分商品进口关税和市场准入享受过渡期外，俄罗斯有义务履行世贸组织的所有规定。

俄罗斯加入世贸，有利于吸引外资和先进技术、扩大出口，为创新经济和现代化建设提供更加有利的国际条件，也能通过外部刺激促进内部改革，形成公开透明的竞争环境，由此提高俄经济的整体竞争力。

目前，俄罗斯国内生产总值排名世界第十一位，拥有约1.43亿人口。俄罗斯入世后，世贸组织将最后一个重要经济体也纳入国际贸易规则之内。这将为国际贸易的发展以及多边贸易体系的建设注入新的活力。

作为俄最大贸易伙伴，俄罗斯入世意味着中国企业将能扩大在俄的出口贸易。数据显示，2011年，俄罗斯与中国的双边贸易额达到了历史新高的835亿美元。俄罗斯的中期目标是2015年双边贸易额达到1000亿美元，2020年达到2000亿美元。然而，对于当前的中俄关系而言，这种投资力度还比较小，远没达到饱和，未来的前景将不可限量。相信俄罗斯加入世贸组织之后，中俄两国将在同一框架内，按照同一规则展开合作，双边的投资贸易将向更加规范、诚信、专业的方向升级。

以集群产业链为使命

2012年8月22日，也是俄罗斯加入世贸的同一天，利佩茨克州经济特区监督委员会一致通过了中国宏投资控股集团关于建设"东方工业"创新生产型产业园的项目申请。根据项目协议，"东方工业"股份有限公司有权在该工业园内进行物流、招商活动，并开展对生产专用机械设备的中国企业的配套管理工作。

"东方工业"产业园总占地面积472.6公顷，位于俄罗斯利佩茨克州"恰普雷金"州级经济特区，距莫斯科380千米。第一期规划面积164公顷，分为生产区、物流仓储区、商务区、生活区四大功能区，配套设施包括物流配送中心、行政办公楼、宾馆、宿舍区、商务中心、超市、停车场、加油站等，预计投资额为3.5亿美元。

"东方工业"产业园的主导产业确定为汽车零配件、重型机械、农用机械设备及电力设备四类。在此基础上，产业园将以构建产业链为使命，推行企业集群化发展模式。

产业园的整体定位为：创建以龙头企业为核心的产业价值链一体化平台。即以先进生产设施、现代化办公大厦、标准化厂房、科研大厦、配套服务大厦为开发对象，整合自然资源、社会资源、经济资源等，打造产、学、研产业集群，帮助当地政府改善区域环境、提升区域竞争力；帮助入园企业提升企业形象、提高企业发展动力。

产业园的发展规划为：以1~3个龙头企业为核心，辅助配套产业链条上高成长性、高附加值的企业，共同打造产业集群强大的核心竞争力。现阶段，产业园正在进行一期投资规划与开发工作。产业园一期的发展目标为"打造俄罗斯欧洲部分乃至全俄境内具有影响力的建筑工程机械及零部件生产基地"，遵循"产业聚集度高、资源集约度高、技术含量高"的原则，集"研发、生产、检验、销售、服务"为一体，按照行业最新、结构最优、功能最强、服务最好、效益最高的目标进行规划设计，在园区内形成相关产业培训中心、研发中心、质检中心、配套物流、展销中心等完整的产业链。

2012年12月18日，首家企业新世纪农业科技股份有限公司进驻"东方工业园"，标志着"东方工业园"胜利竣工投产。

中俄合作典范

早在苏联时期，利佩茨克州就是生产白色家电的工业基地，产品包括冰箱、洗衣机、空调等等。当地工业基础较雄厚，有钢铁厂、大型锻造企业等等。目前利佩茨克州虽还未形成完整产业链，但已有了完善的生态环境，水泥、建材（包括砖、沙子、钢材等等）都可在州内采购，这些都是建造产业园的有利因素。

随着中国产业园的动工建设，那里被誉为"中国企业在俄罗斯开展生产制造与市场营销的产业集群"，是中国企业对俄直接投资的前沿平台。目前已有包括富锦龙江在内的近10家中国企业与宏投资签署了入园意向协议。"东方工业"生产创新型产业园旨在集合中国制造产业之强项，发挥团体作战的优势，打造中国制造业海外之"战略航空母舰"，使中国企业能规避单打独斗的劣势与风险，全力拓展海外市场的竞争力。

对俄罗斯来说，"东方工业"生产创新型产业园，将成为俄罗斯利佩茨克州这片充满商机和投资潜力的土地上，一个全新规划的、以中国生产型企业为入驻主体的开放性产业集群。

俄罗斯与中国经济互补性强，市场潜力巨大，发展前景广阔。"东方工业"生产创新型产业园，不仅仅为中国企业提供了更加广阔的发展空间与平台，更将为俄罗斯发展本国工业提供宝贵的资金、技术、设备、管理、经验与人才，快速增加区域就业岗位，大幅提升区域经济水平与质量。预计一期工程完工后，可吸纳当地1万人就业。因此，产业园项目得到了俄联邦政府、俄联邦经济发展部、利佩茨克州政府、俄联邦工商会、中国机电商会以及中国各级政府及有关主管部门的大力帮助和支持。

俄罗斯"东方工业"生产创新型产业园是中俄经贸合作的创新，是中俄战略合作的典范，是中俄兄弟友谊的发展。作为在俄罗斯经济特区创建产业园的先行者，俄罗斯"东方工业"生产创新型产业园的成功将对俄罗斯吸引其他国家的直接投资起到巨大的示范效应与连带效果。

俄罗斯"波罗的海明珠"工程

在谈到"波罗的海明珠"工程为什么选择中国上海，俄罗斯人是这样说的："近年来，中国经济迅速崛起，上海市在短短数年间'脱胎换骨'成为名副其实的国际大都市。选择上海作为投资方，是希望通过合作借鉴先进经验。"在中国方面，"明珠"项目是中俄双边经贸史上的新起点，也是中方向世界显示投资能力的良机。经验表明，任何两国间的经济合作如果缺少大规模投资就会受到限制，因此以投资带动合作是中俄深化经贸关系的有效途径。

芬兰海湾上的明珠

"波罗的海明珠"项目位于俄罗斯第二大城市——圣彼得堡市的西南部，距离中心城区10千米，距机场约20分钟车程。项目地块北依风光旖旎的芬兰湾，西临俄罗斯风景名胜——夏宫和康斯坦丁宫。基地内有两条将被修葺一新的古运河以及东侧的列宁公园、南面的林荫大道和西侧的大片林带，为"波罗的海明珠"提供了怡人的自然景观和良好的生态环境。"滨海临水、亲近自然"成为整个项目的靓丽风景线。

"波罗的海明珠"项目是由上海实业集团联合百联集团、锦江国际集团、上海工业投资集团及上海工业欧亚发展中心、上海绿地集团等上海五大优势企业共同投资、建设。项目规划用地205公顷，总建筑使用面积190多万平方米，计划建设住宅、购物中心、酒店、会展、主题娱乐设施及公共绿地、学校、医院、图书馆等各类居住配套设施。规划中的全部商业面积预计将达50万平方米，是集零售、娱乐、休闲、会展等多种业态于一体的综合性商业复合体。项目建成后将成为圣彼得堡乃至欧洲地区的一个全新的居住和旅游胜地。

该项目于2003年开始提出，经过长达近3年的协商和谈判，于2006年1月圣彼得堡市长马特维延科签署市长令，正式批准了建设规划。

项目70%为中高档住宅，其余30%则为宾馆、商业、贸易、办公、餐饮、文化、教育、娱乐、休闲和医疗等内容的商业设施及公共设施建筑。项目是在"政府推动、企业运作"模式下，采用总体设计、区域集成、土地运营、房产为主、分期滚动开发的方式进行运作。

建筑定位为"欧洲现代"风格，将看不到传统的海外"中国城"的任何痕迹，投资方将尊重欧洲审美情趣和生活方式，尊重俄罗斯人民对欧洲生活方式的追求，汲取欧洲现代建筑"简朴明快、色彩庄重、重视质量和功能"的精髓，借鉴德国、法国、北欧等现代生活方式和建筑元素，为圣彼得堡市建造一个具有21世纪现代化水平的，生态化、人性化、欧洲化为特征的大型多功能综合社区。

"波罗的海明珠"选址于圣彼得堡市沿波罗的海芬兰湾天然形成的"月牙状"海岸线，冬宫、夏宫屹立两端。项目在设计规划、开发建设中将充分利用这一自然联成的滨海发展带，联成一条集旅游、购物、休闲、餐饮、工业博览为一体的城市经济带。通过象征俄罗斯文化、文明和历史的海岸线将其与城市连为一体。预期该项目建成后，宛如芬兰湾畔一颗颗璀璨的珍珠，串起一条具有无比魅力的珍珠项链，成为圣彼得堡市崭新的标志性建筑群，在圣彼得堡这样一个充满文化的优雅城市树立起一座极具代表性的"滨海之城"，因此称之为"波罗的海明珠"。

"波罗的海明珠"项目的确立和启动，是上海企业跨行业强强联手"走出去"共同开拓海外市场的重大突破，也是上海对海外最大的投资项目。这一项目是中俄两国、上海与圣彼得堡两市具有里程碑意义的战略合作项目，对中俄双方来说具有巨大的战略合作空间，对推动中俄经贸合作具有长远的意义，同时也开启了中国企业联合起来大规模投资俄罗斯的大门，进一步促进两国、两市经贸合作和经济发展。因此，"波罗的海明珠"项目具有重大的政治、社会效益。中央和上海市领导对此项目非常重视。

城市文明与生态环境的最佳结合

人类从荒芜、原始中走出来，依水而居，因水而聚，形成了人口的聚集，诞育了城市的文明。当越来越多的人聚集到城市，城市的发展越来越快的时候，我们才突然发现：身边的大自然没有了。于是，人们开始怀念过去在乡村的日子，那里鸟语花香、空气新鲜、淳朴自然……于是，在城市文明发展到一定阶段的时候，有人又回到了郊区。

美国在20世纪50年代就曾经出现过"城市空心化"的现象。当时的美国人为了追求自然，追求生态，中产阶级和富裕阶层大规模从城市中心搬到郊区，相应带走了城市的商业和服务业，并由此引起城市繁华的衰落，导致文明的倒退，几乎断绝了人与人之间的交流。所以，约从20世纪90年代开始，在郊外居住的中产阶级，又开始回流到城区中。

社会走向高科技，人类走向大自然，鱼与熊掌如何兼得？这是大家都在思考的问题。其实要回到自然环境，不一定要到远郊去住，但也不能搬到城里，城市中浑浊的空气、高密度的人口、低绿化率的环境使人在无数的钢筋、混凝土的丛林中得不到喘息。根据人们总结出的经验，现在看来住在郊区与市中心的结合部，既能享受都市文明，又能拥有生态健康，这才是最适合人居住的生活空间。

"波罗的海明珠"就是这一经典人居模式的体现，是"城市文明与自然生态相结合"的产物与成功典范。"波罗的海明珠"选址处在圣彼得堡的城郊结合部，北靠波罗的海芬兰湾，西邻著名景点夏宫和康斯坦丁宫，东接城市绿肺——列宁格勒公园，两条运河在社区中蜿蜒流淌，还有即将建成的轨道交通线贯穿社区，正是既拥有都市文明，又能享受生态自然的好地方。

YUMAN ZHONGWAI DE GUOJI HEZUO

项目内除高档住宅外，还有酒店式公寓、商业、写字楼、创意园区等多种业态，各业态功能性的差异也正形成一种互补，为广大居民、办公者带来生活上的便利。

在这里，住户在充分、尽情享受社区生态环境的同时，又能够随心所欲地了解最新的社会信息，占有庞大的社会资源，与时代亲密接触；在现代化办公场所里，将有大量跨国公司的总部驻扎于此，为圣彼得堡人民事业的发展、信息的交流、高档次的就业提供良好的社会服务；在社区里，各类高级的休闲配套设施比比皆是，各类生活服务机构星罗棋布。生活就是享受。这就是城区中才有的生态环境与都市文明结合的现代住宅社区，是当代圣彼得堡人应该拥有的居住生活。

欧盟—中国民用航空合作项目

　　虽然中国通用航空机场数量少、密度低，东西分布差异较大，但综合国力的增强将令政府更加重视提高社会公共服务能力和水平。作为民航的发展战略，通用航空领域将是未来中国民航业发展的重点。为了加快中国民用航空领域的前进步伐，目前中国正和欧盟在航空领域保持着良好的合作。

学习先进，少走弯路

　　根据中国民用航空局"第十二个五年规划"（简称"十二五"）规划数据显示：截至2010年底，在通用航空领域，中国仅拥有1000多架飞机及1700名飞行员。相比之下，欧盟拥有22000架通用航空飞机及90000名通用航空飞行员，还不包括超轻型飞机及滑翔飞行设备。可以说，中国通用航空产业仍处于发展的初始阶段。为此，在国家"十二五"规划纲要中明确提出了要积极推动通用航空发展。通过学习借鉴欧盟在发展通用航空中遇到的困难和经验，避免走国外发达国家已走过的弯路，走出一条适合我国国情、具有中国特色的通用航空发展之路，对于促进我国通用航空产业健康快速发展具有十分重要的意义。

　　2005年6月30日至7月1日，欧盟—中国民用航空峰会在北京举行，会议高度强调了继续民用航空方面合作的重要性。时任欧盟委员会副主席的雅克·巴洛特在此次峰会中总结了以下内容："航空工业具有巨大优势：它拉近了人们之间的距离，促进了经济和贸易增长。在欧洲，在中国，当然也包括在欧洲和中国之间，航空业在更广泛的领域对经济社会发展起着至关重要的作用。在我看来，如果我们想进一步发展欧盟和中国在政治、人员与经济方面的联系，最重要的就是分享我们各自的经验，确保中国和欧盟航空业良好和可持续发展。"

2007年11月，在北京举行了第十届欧盟—中国峰会，中欧双方都强调要进行更密切的合作，包括具体的技术问题，会议表达了"双方领导一致同意加强航空的专业和技术合作，同时呼吁迅速缔结一项协议，为今后中国和欧盟在技术领域的合作奠定全面的框架，这些领域包括航空安全、安保、环境、经济调节和空中交通管理，其中包括，为了新一代空中交通管理系统，中国可能参与的欧洲天空一体化空管研究项目"。

2009年11月，在南京举行了第十二届欧盟—中国峰会，双方决定进一步加强在民用航空的合作，包括适应欧盟成员国和中国之间的航空服务协议以及加强在航空安全、安保、环境、经济调节和空中交通管理方面的合作。此后，中国与欧盟就航空协议进行了谈判，决定启动欧盟—中国民用航空合作项目。

组织架构和项目活动

欧盟—中国民用航空合作项目为期4年，时间为2010—2014年。预算总额700万欧元，其中欧盟资金提供600万欧元，中国实物提供100万欧元。欧盟—中国民用航空合作项目是一项技术援助合作项目，由欧盟委员会和中华人民共和国商务部共同实施，中国民用航空局为此项目的受益方。项目旨在支持中国民用航空局，通过能力建设、培训教员和相应人员以及系统地分享欧盟各国最佳实践经验，在航空安全、安保法规和标准等方面与国际和欧盟标准相互借鉴，共同提高。

欧盟—中国民用航空合作项目下设：

项目指导委员会（PSC），负责监督和审批项目的方案和政策，协调参与项目的所有成员、组织和机构。项目指导委员会由中国商务部、欧盟委员会和中国民用航空局的代表组成。

项目中方工作组（PTF），负责技术、行政和与项目相关的协调、实施和管理方面的人力资源工作。项目中方工作组由中国民用航空局指派，委托中国民航科学技术研究院国际航空室执行。

项目欧盟技术援助工作组（TAT），提供专业技术知识并负责管理、准备工作以及有关项目规划、监督、报告、采购和财务管理的辅助工作。欧盟技术援助工作组由以法国必维国际检验集团为首的，包括法国集思美咨询公司、德国汉莎咨询公司和荷兰Ecorys咨询公司在内的欧盟咨询团队组成。

项目支持小组（PST），是由项目执行机构通过项目中方工作组来建立的，由涉及工作层面的项目合作伙伴、欧盟技术援助工作组、欧盟委员会和其他利益相关方的代表构成的一个非长期的、相互协调的结构体系。项目支持小组每季度举行例行会议，以便就项目的进程进行回顾、讨论和审查。

主要的项目活动有：

1. 通过建议、研讨会、培训和实习，协助中国当局更新和实施中国民用航空法规，使其与国际标准和欧盟程序一致。

2. 完善和实施对中国民用航空局、相关机构以及其他利益攸关单位和个人的"培训—培训者"计划和研讨会，就安全和安保相关的所有方面，分享包括欧盟自身实践在内的国际最佳实践经验。涵盖的领域包括认证、空管、机场和环境问题，以及其他与提升空管安保和提升操作效率相关的政策法规事宜。

3. 完善"培训—培训者"计划，以解决中国民用航空部门在安全管理包括飞行操作和飞行员培训方面能力的制约。培训可以通过与民航大学和中国各省的教育机构合作（包括欠发达的西部省份的机构）或直接与顾问专家合作来提供认可的培训项目。

4. 通过培训会和研讨会，支持中国民用航空局建立和进一步完善事件/事故报告制度。

5. 通过培训会和研讨会，协助中国负责空中交通管理的机构了解环保措施。

6. 通过分享欧洲的最佳实践经验等方式，协助中国发展更高效的空中交通管理体系。

7. 为提高高层安全和安保意识，针对中国民航管理官员，组织安排前往欧洲进行考察和学习等活动。

中国航空制造业迈入成果"密集发布期"

以前有人曾做过这样的比喻："中国要卖出8亿件衬衫，才能进口1架空客A380。"但是，今天这个局面很快就会被打破。在国家持续大力投入和中外技术项目合作的推动下，中国航空制造业不断推出具有较高技术水平的新产品、新技术的状态仍将继续，中国航空制造业已经迈进了成果的"密集发布期"。欧盟—中国民用航空合作项目技术援助组组长康柏年形容说："在全球大型民用飞机市场上，中国正在成为继美国、欧洲之后'挤入'的第三个竞争者，对于欧洲众多航空设备和零配件供应商来说，中国航空业的发展相当于打开了新的市场，这是件好事情。"

珠海举办的中国国际航空航天博览会（简称"珠海航展"）已经有了18年历史，被视为世界上重要的航空航天博览会之一。在2012年珠海航展上，展出面积、参展厂商数量均有大幅增长，参展的各类飞行器实物总数超过90架，达到历史最高水平，其中大部分产品来自中国国内航空制造企业。这种进步被业内人士视为一种全面性的、普遍的产业能力提升。即使在一直被视为中国航空制造业"短板"的航空发动机制造领域，中国企业也取得了长足的进步。

作为中国最重要的航空工业基地，西安阎良被誉为"中国西雅图"，这里已经吸引的500多家航空制造企业中，超过8成是中国民营企业。曾经在国有企业从事为波音配件转包生产工作的王永利说，自己之所以敢在2005年贷款30万元开设自己的航空精密设备制造工厂，原因就在于中国拥有了更加灵活的市场环境。

　　2007年中国大型飞机项目在上海正式立项。2008年5月，承担中国大飞机（即大型飞机）制造任务的中国商用飞机有限责任公司（简称"中国商飞"）挂牌成立，标志着中国的大飞机研制工作进入实质性阶段。整个大飞机的预期研发投入在300亿到500亿之间，预计10年内完成。大飞机仍需要很多技术攻关，比如材料、发动机、传感器、液压系统、控制系统等。研发大飞机的最终目的是要建立我国的飞机产业，因此这次研发工作要做得比较扎实，要提倡自主创新，包括自主研发发动机、机载设备、通信雷达等。随着"大飞机工程"的开展，我国将会发布更多的航空制造业成果。

中国—欧盟生物多样性保护合作项目

作为世界上生物多样性最丰富的国家之一，中国的生物多样性特点主要表现在物种多样性高度丰富、生物物种的特有性高、生物区系起源古老、经济物种异常丰富等方面。中国自从1992年加入《生物多样性公约》以来，成立了由中华人民共和国环境保护部牵头、到目前有国务院22个部门和单位参加的中国履行《生物多样性公约》工作协调组。近10年来，中国政府为保护生物多样性和履行国际公约，积极认真地开展了一系列工作，有力地促进了国民经济和社会的可持续发展，也为世界生物多样性保护做出了贡献。

欧盟最大海外生物多样性保护项目

"中国—欧盟生物多样性项目"的设立是为了保护中国丰富的生物多样性，加强国家环保总局作为履约协调组牵头单位对《生物多样性公约》的履约能力，为生物多样性保护建立有效的项目监测和信息反馈机制。

"中国—欧盟生物多样性项目"是目前欧盟资助的最大规模海外生物多样性保护项目，资金总额为5100万欧元，其中有3000万欧元是欧盟援助的。该项目由欧盟、中国商务部、中华人民共和国环境保护部和联合国开发计划署四方共同发起。合作方包括中国《生物多样性公约》履约协调组的20个成员单位。国际参与方包括联合国开发署（UNDP）、全球环境基金（GEF）、欧盟（EU）、美国大自然保护协会（TNC）、保护国际（CI）等组织。而且这个项目还得到国际自然保护联盟（IUCN）在技术、政策、协调和监督等方面的支持。

2005年6月这个项目正式启动，为期5年。项目通过在中国不同的生态类型区和不同的地区开展示范活动,从而创新地建立一种可推广的垂直机构合作机制,使生物多样性在这种机制的运作下得到有效保护。示范项目将积极促进与国际、国内、地方政府和非政府组织等建立多方伙伴关系,并通过项目的具体实施,推动相关管理程序的变革。在更高层面上,项目在中国生物多样性伙伴关系框架下开展合作,同时还将展示生物多样性对促进社会经济发展、提高当地居民收入和消除贫困等方面的贡献。

欧盟援助中国的3000万欧元中,有2100万欧元专门用于18个地方示范项目。这些项目是从2006年征集的所有项目中选出来的。建立示范项目的目的在于通过建立创新的、可推广的机制,整合并加强项目管理制度,确保政策在中国西部、中部及南部省份和各级地方政府的贯彻执行。通过这些地方示范项目,可以促进相关法律、政策、方案的改善,提高环境意识,为环保信息交流提供一个共同的平台。

重庆示范区

重庆市生物多样性保护和能力建设项目是18个地方示范项目之一,同时也是最有挑战性的项目之一。重庆示范区从2008年2月正式启动,于2010年2月结束。

作为中国人口最密集区域之一的重庆市,其生物多样性资源正遭受来自城市发展、当地高强度的农业生产以及湿地管理不善等方面压力的影响。本项目专注于建立完整的框架体系,直接针对问题根源,致力于把生物多样性保护措施整合到重庆市的总体社会和经济发展计划——"一圈两翼"中。为实现这一目标,项目将制定生物多样性的综合保护计划,促进在市政府的领导下建立生物多样性保护的协调机制,并将生物多样性保护纳入地方法规、环境影响评估以及政府的政绩考核体系中去。

项目特别选取三个地区作为示范区,分别是:位于大巴山的城口县、地处武陵山的石柱土家族自治县和重庆都市区。

大巴山位于重庆东北部，是中国秦岭—大巴山生物多样性关键地区中最重要的部分之一。该区域恰好处在中国南、北方不同气候带和生物地理区域的分界线上。它不仅是长江及其主要支流嘉陵江和汉江的一个重要水源地，而且也是三峡水库的重要水源地。因此，保护大巴山的生态具有重要的战略意义。

该区域为亚热带森林生态系统，生物多样性极为丰富。它拥有维管束植物3481种，其中6种为国家一级保护植物，197种为国家二级保护植物。这里还分布着5种国家一级保护动物和35种国家二级保护动物。由于大巴山属典型的亚热带山地森林生态系统，其林下拥有丰富的非木林产品资源，如食用菌、野生花卉和药用植物等。大巴山拥有112种兰科植物、大量的杜鹃属植物和2008种药用植物。目前共有11个细辛属的物种分布在大巴山区域，占中国所有细辛属物种总量的34%。

然而，由于缺乏经济收入，当地居民不断加大对非木林产品的采集和贩卖，这使得当地对自然资源的利用难以维持。此外，由于该地区海拔高、气候寒冷，人们需采集大量的薪柴（特别是在冬季）。在类似区域开展的一些研究表明，一个4口之家通常每年要消耗2500千克左右的薪柴。因而，当地群众可持续地利用各种自然资源对于当地的生计和可持续发展至关重要。

重庆东南部的武陵山是横跨湖南、贵州、重庆、湖北的生物多样性关键区域，由于其纬度低、石灰岩地貌复杂而成为世界闻名的生物避难所，例如这里保存着丰富的孑遗和特有物种。本项目示范区选在石柱土家族自治县，当地森林覆盖率达53%，环境质量非常好。该地区分布着7种国家一级保护植物和46种国家二级保护植物，32属共计35种中国特有的高等植物。另外分布有包括黑叶猴在内的5种国家一级保护动物和37种国家二级保护动物。这里保存的孑遗植物包括：水青树、领春木、小叶桑、山白树以及最大的水杉自然种群。此外本县也因盛产中国传统中药而闻名，在这里能找到400多种中草药。当地是中草药黄连的传统种植区，其产量占据整个中国市场的

60%。但是，大规模的森林砍伐对该地区的生物多样性已构成了严重威胁。盗伐、野火、采集薪柴、加工木炭以及过度放牧等都在威胁着当地的生物多样性。当地居民正面临着如何平衡经济发展和生物多样性保护的巨大挑战。

都市区位于重庆西部，为嘉陵江与长江汇合之处，总面积5473平方千米。地形以丘陵和低山为主，地势从南、北两侧向中间长江河谷地带降低。贯穿整个主城区的4座主要山脉和两条河流构成了独特的山地城市和河流生态系统，自西向东的山脉形成了生物多样性的避难所和生态缓冲区。这些山脉保持了较高的栖息地与生态系统异质性，生态系统类型包括亚热带常绿阔叶林、农田、湿地和峭壁等。

传统民居与峭壁生态系统及其生物多样性形成了都市区宝贵的自然文化遗产。都市区已建立起20多个自然保护区和森林公园，其中包括两个国家级自然保护区（缙云山常绿阔叶林国家级自然保护区和长江上游珍稀濒危鱼类国家级自然保护区）。都市区还分布有30多种列入国家保护名录的动、植物。在缙云山、中梁山、铜锣山和明月山还保留着带状分布的原生常绿阔叶林。

此外，都市区内的江河、溪流和湖泊形成了多样化的、生物多样性丰富的湿地生态系统。

然而城市的快速发展，已使许多自然生态系统和栖息地遭到破坏。填埋湿地用于房地产开发、在林地上发展工业、无序的旅游开发、污水和固体废弃物污染等都对生态景观和自然资源构成了严重威胁，特别是房地产的开发造成的威胁更大。如何缓解经济发展与生物多样性保护之间的严重冲突，已是一个非常紧迫的问题。

阿拉善示范区

阿拉善盟地处内蒙古自治区最西端。进入20世纪90年代以来，阿拉善地区生态恶化问题严重，使该地区成为我国最大的沙尘源地。日益恶化的生态环境给阿拉善地区社会经济带来极大危害，并且也波及西北、华北地区。阿

YUMAN ZHONGWAI DE GUOJI HEZUO

拉善环境问题受到了中央、自治区以及专家学者和新闻界的密切关注。自治区将其列为"第十个五年计划"时期五大生态重点治理区。

2008年，"中国—欧盟生物多样性保护合作项目内蒙古阿拉善示范项目"启动。这一项目是欧盟在环境和可持续发展领域对华援助的重要内容之一。这一项目总投资247.7万美元，其中欧盟赠款122.7万美元，项目到2010年2月底结束，由国家环境保护部负责实施。其目标是加强管理中国生物多样性，保护特殊生态系统，积极探索与国际、国内地方政府以及非政府组织搭建多方合作伙伴关系。

阿拉善地区四周群山环绕，狼山余脉罕乌拉山和雅布赖山等干燥剥蚀山地的插入，将阿拉善高原分割为大小不等的几个盆地。盆地中心被以流动沙丘为主的沙漠覆盖，如巴丹吉林沙漠、腾格里沙漠、乌兰布和沙漠等。在阿拉善地区27万平方千米的土地中，沙漠占28.10%，戈壁占34.16%，山地与丘陵占18.02%，滩地占19.71%。其中，黑河下游额济纳河沿岸的绿洲、东西绵延800多千米的梭梭林带，贺兰山天然次生林以及沿贺兰山西麓分布的滩地、固定和半固定沙地，共同构成了阿拉善地区的生态屏障。这三大屏障，在空间上呈"π"型分布，是我国西北地区重要生态防线。

当前面临的生态恶化，主要是由于黑河断流、长期干旱和对森林草原的过度利用导致的这三个生态功能区及沙漠边缘固沙植被带退化，主要表现为：

（1）湖泊干涸，湿地消失，绿洲萎缩。分布于黑河下游额济纳旗境内，以东西居延海为主体，面积为2485平方千米，包括湖泊、盐化沼泽、泥炭地、芦苇地等湿地，自1961年开始相继消失。地下水因得不到地表水的补充，水位持续下降，水质逐渐恶化，两湖地区井水含氟量、含砷量普遍超标。东西居延海盐漠广布，湖岸沙丘向湖心逼近；古日乃湖与拐子湖周边已形成重盐土和斑状梭梭残林及流沙地；绿洲面积由6500平方千米退化到目前的3328平方千米，并且以每年13平方千米的速度递减。

（2）植被退化，生物多样性减少。横贯东西800千米的113.3万公顷梭梭林仅剩38.6万公顷残林，并正以每年0.17万公顷的速度减少；贺兰山西麓天然次生林更新困难，目前仅存3.58万公顷；胡杨林面积由解放初的5万公顷减少到目前的2.94万公顷；草场退化面积达334万公顷以上，原有的130多种植物物种现仅存30多种；植被覆盖度降低了30%~80%，大面积的草场已无草可食；180余种野生动物（包括国家一、二、三类珍稀动物），或迁徙他乡，或濒临绝迹。

（3）沙漠化加剧，沙尘暴频繁发生。全盟沙漠化土地面积已占总土地面积的82.3%。在风力的作用下，乌兰布和沙漠以每年8~10米的速度前移，巴丹吉林沙漠也以每年20米的速度扩展。进入20世纪90年代以来，沙尘暴频次越来越高，强度也越来越大，危害程度也越来越重。

从2006年下半年开始，内蒙古自治区和阿拉善盟环保部门多次赴北京开展项目前期工作。阿拉善盟提交的项目——"阿拉善盟生物多样性保护项目"从99个应征项目中胜出，同时，阿拉善盟与联合国开发计划署签署了"中国—欧盟生物多样性保护合作项目阿拉善示范项目"。为实施好这一项目，阿拉善盟在国家生物多样性保护政策和管理框架的指导下，对生物多样性保护做了充分的前期工作，成立了生物多样性保护协调委员会，建立了沙漠生态环境监测站等。

国际小母牛组织

在过去的50多年中，社会经济的发展给人类社会带来了巨大的财富，世界财富增加了7倍之多，但世界财富的80%是由世界20%的富国拥有，发展中国家的50多亿人口仅拥有余下的20%。如果贫困国家在全球化进程中得不到发展，不彻底摆脱贫穷，解决饥饿问题，那么全球经济的发展将难以有质的飞跃。解决贫穷与饥饿的问题，全世界国家和地区都应该行动起来，用实际行动支持脱贫事业。

国际小母牛组织

国际小母牛组织（Heifer International）是一家位于美国阿肯色州小石城的非营利慈善机构。国际小母牛组织向全球范围内的贫困家庭提供家畜、农作物以及可持续农业教育等，帮助这些家庭摆脱贫困与饥饿。

美国农民丹·威斯特是国际小母牛组织的创始人。1930年，西班牙内战爆发，丹·威斯特作为布林司青年组织（美国一个慈善组织）的一名成员来到西班牙做救济工作。在给战争双方发放救济品的时候，丹·威斯特对如何把有限的食品分配给困难人员感到困惑。后来他发现，这些贫穷的人需要的并不是一杯牛奶，而是一只奶牛。回到美国后，丹·威斯特就成立了国际小母牛组织。

国际小母牛组织致力于通过向贫困家庭提供家畜和相关培训，让他们能够免遭因依赖他人养活自己和孩子而带来的尊严伤害，并且能获得永久的自由。国际小母牛组织的基本理念基于一句谚语：授人以鱼不如授人以渔。每一个参与到国际小母牛组织的家庭都要接受畜牧学培训，并保证把家畜所产幼仔赠送给其他正在参与国际小母牛组织的家庭。威斯特认为，照这样下去一头家畜就会产生许多家畜。1942年，国际小母牛组织成为布林司青年组织的官方项目，首批17头小母牛也启程奔赴海外。

除了牛，国际小母牛组织也向贫困家庭提供绵羊、山羊、兔、猪、蜜蜂、水牛、鸡、鸭、鹅和美洲驼等家畜。国际小母牛组织希望每一次捐赠都能使受助者达到自给自足。这样，受资助家庭也可以将生产的富余产品拿到市场出售。国际小母牛组织也参与其他慈善活动，比如提供清洁水、紧急住房、教育等。

国际小母牛组织在美国有三家教育中心，分别位于阿肯色州、加利福尼亚州和马萨诸塞州。国际小母牛组织因其卓有成效的扶贫公益模式和出色的项目影响，曾获得美国康瑞德·N·希尔顿人道主义奖；机构负责人乔·拉克则因为领导国际小母牛组织取得卓越成效而获得2010年度世界粮食奖。目前该组织已经在全球129个国家扶持了超过1200多万户贫困家庭。

国际小母牛中国项目

1946年，国际小母牛组织通过联合国善后救助总署向中国赠送了第一批550头奶牛。1984年，在四川省畜牧局的代表团访问了国际小母牛组织总部后，"小母牛"再度来到了中国，在四川省的大邑、雅安和乐至开始了最初的三个项目。1989年，国际小母牛中国项目在四川省成都市成立了办事处。第一代援助动物包括从英国引进的158头奶牛、从美国进口的550只兔以及在国内和当地购买的29.8万只动物。

目前，国际小母牛中国项目已经在中国的16个省和自治区实施了124个项目，超过481.44万只援助动物将送到72402个农户。在面临自然灾害如汶川地震、青藏高原雪灾和泥石流，以及四川盆地内长江洪灾等的灾后重建工作时，国际小母牛中国项目都做出了积极的响应。

近年来，国际小母牛中国项目一直致力于组织技术力量传播核心技术，如引进牲畜的家庭饲养、配种繁殖程序的建立、饲养管理、人工草场种植、秸秆的利用、人工授精与疾病控制等，从而形成了一个覆盖边远的贫困山区、高原和少数民族地区的技术配套。国际小母牛中国项目共举办了11592次培训课程，402954人参加了培训，其中妇女占接近40%，培训学员来自各民族，包括汉、藏、满、蒙古、苗、彝、羌、回、佤、土、拉祜、哈尼、维吾尔、瑶、傈僳和普米族等。

国际小母牛中国项目一贯注重团队精神，在四川省成都市和全国6个区域办公室，拥有一支由42名全职人员组成的完备工作队伍。同时，还有10余位顾问和全国200多名注册志愿者，有政府和非政府机构的专职或兼职项目以及伙伴共同合作管理社区综合发展项目。

国际小母牛中国项目不断地为项目区内有需要的家庭带去希望、机遇和生活水平的提高。项目的宗旨是建立有活力的社区，提高家庭生存能力，增强自尊，发展多样性综合性的农牧业体系，有效保护或改善地区生态环境，建立地区机构，充分提升和利用当地群众的技术和资源，减少向城市的移民和保护环境，最终实现社区的综合性的可持续发展。

此外，国际小母牛中国项目还促进了中国人与国际友人之间的友谊。1996年，国际小母牛中国项目向尼泊尔援助了33只兔。2002年，国际小母牛中国项目又向泰国送出100只兔、25头猪和50只产奶山羊。

消灭贫穷与饥饿

为了引起世人对贫困问题的重视，联合国将每年的10月17日定为"国际消除贫困日"，以此推动全球展开更加广泛的消除贫困工作，实现"联合国千年发展目标——消灭极端贫穷和饥饿"。

贫困是世界普遍存在的问题，始终伴随着人类社会的发展，是人类面对的永恒挑战。在一定意义上，人类发展史也是与贫困抗争的历史。20世纪90年代以来，全球化在促进全球经济发展和财富增加的同时，也扩大了全球范围的贫富差距，使一些国家和一部分人贫困化趋势不仅得不到遏制，而且趋于加重。即便是当今发达国家，贫困也被认为是一种存在于社会的严重问题。因此贫困问题被联合国列为社会发展的首要全球性问题。

20世纪90年代，是全球化迅速发展的时期，也是社会贫富差距持续扩大时期。贫困的减少与全球经济的持续增长并不同步，全球性贫富两极分化问题不断浮出水面。尽管许多国家和包括联合国在内的许多国际组织，都十分重视贫富两极分化现象，并采取各种措施来缩小贫富差距，同时学术界也给予了更多的关注，提出了多种解决方案和主张、各种有关论述和研究报告。然而，贫富两极分化现象依然很严重，仍是当前一个尖锐的社会问题。

目前，全球贫富两极分化现象越来越趋于国际化，其中包括发达国家与发展中国家之间和不同国家内部的贫富两极分化。贫富两极分化现象主要表现为：发展不平衡导致国家间贫富差距拉大；分配不均衡导致国家内部的贫富差异悬殊。两极分化的贫困现象划分为绝对贫困和相对贫困，发达国家内部存在的贫困大多是相对贫困现象，发展中国家特别是最不发达国家所面临的是绝对贫困。在全球化进程中，全球贫富鸿沟的进一步扩大困扰着整个国际社会，不同国家和不同阶层发展不平衡和分配不均导致的贫富差距，使减贫工作更加艰难。

伽利略计划合作协定

目前世界上公认运营得最成熟的卫星定位系统是美国的"GPS全球卫星定位系统"，这项服务是由美国军方的卫星来向全球用户提供的。当人们越来越依赖GPS的时候，人们就越将自己置身于一个空前的危机之中，因为美国军方有权随时停止GPS。为了摆脱依赖，俄罗斯和西欧各国以及中国都在致力于定位系统的开发和研究。西欧的"伽利略计划"是其中实用性最强、范围最广的一个系统计划。中国全面参与了"伽利略计划"，并做了杰出的贡献。

定位将比美国GPS更精确

在20世纪90年代的局部战争中，美国的GPS出尽风头。利用GPS系统提供定位的导弹或战斗机可以对地面目标进行精确打击，这给欧洲国家留下了深刻印象。尽管美国承诺会给欧洲地区以最好的GPS服务，然而欧洲国家依然坚持要开发自己的全球卫星定位系统。这既是为了减少对美国GPS系统的依赖，同时也为了在未来的卫星导航定位市场上分一杯羹。而"伽利略计划"正是欧美在高端科技领域抗衡的结果。2002年3月，欧盟15国交通部长会议一致决定，启动"伽利略导航卫星计划"。

"伽利略计划"是一种中高度圆轨道卫星定位方案。该计划总共需要发射30颗卫星，其中27颗卫星为工作卫星，3颗为候补卫星。卫星高度为24126千米，位于3个倾角为56度的轨道平面内。该系统除了30颗中高度圆轨道卫星外，还有两个地面控制中心。

由于"伽利略"系统主要针对民用市场，因此在设计之初，设计人员就把为民用领域的客户提供高精度的定位放在了首要位置。与美国的GPS相比，"伽利略"系统可以为民用客户提供更为精确的定位，其定位精度可以达到1米（GPS只能达到10米）。"伽利略"系统将为欧盟成员国和其他参与国的公路、铁路、空中和海洋运输甚至徒步旅行者有保障地提供精度为1米的定位导航服务，从而将打破美国独霸全球卫星导航系统的格局。

该项目预计总投资为36亿欧元，分三个阶段完成：开发阶段（2002—2005年），需11亿欧元，欧洲共同体（简称欧共体）和欧洲太空局（简称欧空局）已在此前分别做好了5.5亿欧元的预算；部署阶段（2006—2007年），需21亿欧元，欧盟将为此安排预算，参与该计划的私营部门将提供资金补助；运营阶段（2008年起），公共资金将逐渐减少，到2015年，运营开销将由欧共体承担。在此商业运营阶段，公共资金将从系统的附加值服务和知识产权开发中获得回报。

按照计划，第一颗用于测试的卫星于2005年在哈萨克斯坦的拜科努尔基地发射升空；2006年"伽利略"系统进行正式部署；2008年整个系统完工，即可正式为客户提供商业服务。不过由于项目进行比较缓慢，正式运营时间被推迟到2014年。

"伽利略计划"对于欧盟具有关键意义。它不仅能使人们的生活更加方便，还将为欧盟的工业和商业带来可观的经济效益。更重要的是，欧盟将从此拥有自己的全球卫星导航系统，不但有助于打破美国GPS导航系统的垄断地位，从而在全球高科技竞争浪潮中获取有利位置，更能为将来建设欧洲独立防务创造条件。

中国是最大合作方之一

"伽利略"系统主要用于民用领域，而且面对的是美国GPS这个运行超过20年的市场垄断者，其市场开发的难度之大可想而知。因此，"伽利略计划"采用开放合作的模式，通过吸收合作伙伴来扩大市场份额。近年来，中国经济快速发展，庞大的潜在用户群对于确保"伽利略"系统的成功具有重要意义，因此中国从一开始就进入了欧洲的视线。

2000年，"伽利略计划"提出不久，欧盟委员会副主席德帕拉西奥在与当时的中国国务院总理朱镕基会晤时就表示希望中国参与"伽利略计划"，得到了中国的积极回应。随后，中国同欧盟签署协议，在北京成立了中欧卫星导航技术培训合作中心，加强国内技术人员的培训和双边交流。而为了落实中方的责任与义务，中国成立了由多家公司参股的"伽利略"卫星导航有限公司。该公司作为国内的总承包商，负责协调国内的相关单位和公司，完成中国在"伽利略计划"中所承担的任务。

中国加入"伽利略计划"，对双方都是好事。从欧洲方面看，欧洲希望成为未来世界独立的一极，在世界事务中发挥积极的作用。通过与中国在空间技术上的合作，可以对美国的"单边主义"形成一定的牵制。所以在"伽利略"计划的合作中，欧洲表现得更主动。而中国通过合作则可以获得可观的经济收益。

2003年中国正式加入欧洲的"伽利略计划"。按照参加该计划的13个欧盟国家的标准，中国将预计投资超过2亿欧元，并根据比例获取相应收益。对"伽利略计划"而言，中国是第一个加入该计划的非欧盟国家（目前总共有6个非欧盟国家参与该计划：中国、印度、以色列、摩洛哥、沙特阿拉伯和乌克兰），中国将拥有这一系统的部分所有权和全部使用权。同时，中国在整个系统的开发运作过程中可以提升技术，学习市场开发的经验，为我国开发独立的卫星导航系统打下良好的基础。

从2005年到2006年3月，中国伽利略卫星导航有限公司作为实施中欧"伽利略计划"的总承包单位，分别与中国国家遥感中心签署了12个"伽利略计划"合作项目。在项目实施过程中，中国国家遥感中心和"伽利略"联合执行体多次对中国项目的执行进展进行检查，并且确定将2008年北京奥运会和2010年上海世界博览会作为"伽利略"系统的示范性项目。

现在中国与"伽利略计划"合作项目已经达到了14个。这些项目包括建造"伽利略"系统空间和地面基础设施；基于位置的服务标准化（这是大众市场应用最重要的组成部分）；电离层中定位信号的修复（可以帮助接收机在不能接收到信号的地区正常工作）；渔业应用系统利用全球卫星导航系统管理渔船；还有卫星接收机和芯片开发等。

到目前为止，中国在"伽利略计划"已经注资超过2.3亿欧元，是"伽利略计划"最大的投资方之一。中国的参与对"伽利略计划"应用市场的发展做出了积极的贡献。

多国太空双边合作

空间技术是一个国家科学技术发展水平的重要标志，开发和应用空间科技已成为世界各国现代化建设的重要手段。目前世界上空间技术最发达的国家是美国，由其领导的国际空间站是人类历史上规模最大的空间项目。由于美国的拒绝，中国一直没有参与国际空间站的活动。不过也正因为美国的排除，反而促使中国加紧了空间技术的研发。假以时日，中国一定能拥有自己的空间站。

被排除在国际空间站之外

国际空间站以美国、俄罗斯为首，包括加拿大、日本、巴西和欧洲太空局（简称"欧空局"）等共16个国家和1个机构参与研制。其设计寿命为10~15年。经过十余年的建设，国际空间站的所有建设工作已经进入尾声，这个人类历史上最大的载人空间站已经成为太空探索国际合作的典范。

自国际空间站筹建之初，中国就希望加入其中。对于中国来说，中国的空间站建设计划才刚刚起步。将来我国的空间站建成以后，无论是在规模上还是技术上都不会超过国际空间站。参与国际合作，不仅可以获得更为先进的太空探索技术，还可以降低太空探索的成本。

早在2000年底，中国就在第十个五年计划中增加国际科技合作项目，目标之一就是参加国际空间站计划。然而国际空间站虽然由美国和俄罗斯共同主导，但是绝对控制权依旧掌握在美国的手里。目前中国是继美国、俄罗斯之外的世界第三大航天大国，美国对中国航天技术的崛起一直深感忧虑并怀有戒心。为了防止航天技术的扩散，保持美国在太空探索领域中的优势，美国没有允许中国参加国际空间站计划。

近年来，中国在航天技术领域大踏步发展，如神舟系列飞船以及嫦娥升空探索等。尽管美国航天技术远超中国，但航天事业的高风险性，决定了中美之间技术交流的必要性。而实际上，美国国家航空航天局也是热衷于和中国合作的，因为美国看到中国航天工业的发展，也希望彼此分享成果。

2003年，"神舟五号"成功返回后，曾经参与"阿波罗"登月的美国航天界元老奥尔德林呼吁，邀请中国加入国际空间站。俄罗斯航天专家当时也表示，有意邀请中国参加国际空间站的建设。2009年11月，美国总统奥巴马访华期间发表的《中美联合声明》中也指出："双方期待本着透明、对等和互利原则，就航天科学合作加强讨论并在载人航天飞行和航天探索方面开启对话。"2010年，美国国家航空航天局局长博尔登访问了中国。

但是，出于种种考虑，美国政府在中国加入国家空间站的建设这件事情上迟迟没有明确表态。由于无法参与到国际空间站的合作中去，中国只好独立自主地进行空间站计划。2012年6月24日，神舟九号航天员驾驶飞船与天宫一号目标飞行器顺利对接，我国首次空间手控交会对接试验成功。这意味着中国完整掌握了空间交会对接技术，具备了建设空间站的基本能力。"神舟九号"与"天宫一号"成功实现对接，被美国媒体普遍视为中国载人太空飞行项目向建立中国自己的宇航空间站目标迈出的重大一步。他们并据此推测，中国可能在2020年左右建立自己的空间站。

虽然没有美国的合作，可是中国仍然靠自己的实力建立了全方位、多层次的国际太空合作格局，并推动中国在宇航事业中参与更多的国际交流与合作。

成果丰硕的多国合作

中国在空间领域的国际合作始于20世纪70年代中期。40多年来，中国开展了双边合作、区域合作、多边合作以及商业发射服务等多种形式的国际空间合作，取得了广泛的成果。

据中国发布的《2006年中国的航天》白皮书，早在2002—2006年，中国就分别与阿根廷、巴西、加拿大、法国、马来西亚、巴基斯坦、俄罗斯、乌克兰等国家，以及欧空局、欧盟委员会签署了和平利用外层空间合作协定、空间项目合作协议，中国还与巴西、法国、俄罗斯、乌克兰等国家建立了航天合作分委会或联委会合作机制。

其中，中国与巴西的合作是最有成效的。中巴地球资源卫星研制合作24年，被两国领导人誉为"南南合作"的典范。1999年10月14日，中国成功发射了第一颗中巴地球资源卫星。中巴双方除了整星合作外，在卫星技术、卫星应用以及卫星零部件等方面也开展了多项合作。当前，中巴地球资源卫星数据越来越被国际关注。

继2003年10月中巴地球资源卫星02星成功发射后，中巴两国政府又签署了联合研制地球资源卫星02B星、03星、04星和数据应用系统合作等补充议定书。2009年5月19日，中巴确定双方继续并扩大在卫星应用、卫星研制等领域的合作。

除了巴西，在南美洲，中国还与委内瑞拉签署了关于和平利用和开发外层空间技术合作的谅解备忘录，建立中委高级混合委员会科技、工业和航天分委会。在此框架下，推动了中委两国在通信卫星、遥感卫星以及卫星应用等方面的合作。

此外，中国与俄罗斯的太空合作也在稳步推进。2009年10月，中俄双方签署了《2010—2012年中俄航天合作大纲》。中国2011年12月发布的《2011年中国的航天》白皮书指出，中国与俄罗斯互设国家航天局代表处。中俄双方在载人航天领域也开展了多项合作。

同时，中国一直重视与欧洲国家的太空合作。1993年，中国与德国合资成立了华德宇航技术公司。1995年，中国与德国、法国的宇航公司签订了"鑫诺一号"卫星的研制生产合同，并于1998年发射成功。这是中国与欧洲宇航界的首次卫星合作。

中国与欧空局在中欧航天合作联合委员会机制下，共同签署了《中欧航天合作现状和合作计划议定书》。在"嫦娥一号""嫦娥二号"月球探测任务实施期间，双方开展了紧密合作。

2011年9月，中国与欧空局签署《关于测控网络及操作相互支持的协议》。中国与欧洲气象卫星开发组织为推进气象卫星资料共享和应用，共同签署《关于气象卫星资料应用、交换和分发合作协议》。中国与法国、英国、德国签署了太空合作框架协议。

中国还与多个国家积极推动对地观测卫星数据的广泛应用。中国向多个国家赠送气象卫星广播系统接收站和气象信息综合分析处理系统，如帮助南非建立了中巴地球资源卫星数据接收站，帮助泰国建立了中国环境减灾卫星数据接收站。中国还向以上国家提供相关对地观测卫星数据产品。

中国主导亚太空间合作

1992年，中国、泰国、巴基斯坦等国家联合倡议开展亚太（亚洲及太平洋地区）空间技术与应用多边合作，致力于推动区域空间合作组织的建立以及开展空间项目合作。在此区域合作的推动下，中国、伊朗、韩国、蒙古、巴基斯坦和泰国6国政府于1998年4月在曼谷签署了《关于多任务小卫星项目及有关活动合作的谅解备忘录》。

在中国政府的大力支持下，亚太空间合作组织筹建工作取得了实质性进展。2005年10月28日，《亚太空间合作组织公约》（以下简称《公约》）签字仪式在北京举行。来自孟加拉国、中国、印度尼西亚、伊朗、蒙古、巴基斯坦、秘鲁、泰国8个国家的政府代表正式签署了《公约》。2006年6月，土耳其的政府代表也签署了该公约。

《公约》的签署是亚太空间合作组织迈向正式成立的关键步骤，标志着创建亚太空间合作组织的工作取得了重大进展。该组织总部设在北京，这也标志着亚太空间合作组织向正式成立迈出了重要的一步。作为该组织的东道国，中国在亚太空间合作组织的发展壮大过程中发挥了关键作用。

亚太空间合作组织的合作领域包括空间技术及其应用项目，如对地观测、灾害管理、环境保护、卫星通信和卫星导航定位，以及空间科学研究、空间科学技术教育、培训等。亚太各国在空间领域的合作不仅有助于国家间加强相互了解和信任，而且通过将空间科技应用于资源探测、灾害管理、通信导航等领域，还有助于解决各国面临的许多实际问题，促进各国的经济和社会发展。

中国推动了"亚太多边合作多任务小卫星"项目，与孟加拉国、伊朗、韩国、蒙古、巴基斯坦、泰国等国家联合开展多任务小卫星的研制和应用，在2007年发射。

2008年，在亚太地区国家的共同推动下，亚太空间合作组织正式成立。在该组织框架下，中国政府积极参与空间数据共享服务平台及其示范应用、地基光学空间目标观测网络、导航兼容终端等多个项目合作的研究，协助制定并发布亚太多边合作小卫星数据政策，促进了亚太地区国家空间领域的合作。

目前，签署《亚太空间合作组织公约》的9个国家中，除印度尼西亚和土耳其正在履行其国内有关批准程序外，其他7个国家（中国、孟加拉国、伊朗、蒙古、巴基斯坦、秘鲁、泰国）均已完成批准公约的程序，成为亚太空间合作组织的正式成员国。

人类基因组计划

1860—1870年，奥地利学者孟德尔根据豌豆杂交实验提出遗传因子概念，并总结出孟德尔遗传定律。1909年，丹麦植物学家和遗传学家约翰逊首次提出"基因"这一名词，用以表达孟德尔的遗传因子概念。1944年，3位美国科学家分离出细菌的DNA（脱氧核糖核酸），并发现DNA是携带生命遗传物质的分子。1953年，美国人沃森和英国人克里克通过实验提出了DNA分子的双螺旋模型。1969年，科学家成功分离出第一个基因。1990年10月，人类基因组计划在美国正式启动。探索生命的奥秘，人类一直在路上。

绘制生命之图

人类基因组计划（Human Genome Project，简称HGP）是由美国科学家于1985年率先提出的一个生物工程，它旨在阐明人类基因组30亿个碱基对的序列，发现所有人类基因并搞清其在染色体上的位置，破译人类全部遗传信息，使人类第一次在分子水平上全面地认识自我。它与曼哈顿原子弹计划和阿波罗计划并称为三大科学计划。人类基因组计划于1990年正式启动，美国、英国、法国、德国、日本和中国等多国科学家及企业共同参与了这一价值达30亿美元的计划。

现代遗传学家认为，基因是DNA（脱氧核糖核酸）分子上具有遗传效应的特定核苷酸序列的总称，是具有遗传效应的DNA分子片段。基因位于染色体上，并在染色体上呈线性排列。基因不仅可以通过复制把遗传信息传递给下一代，还可以使这些遗传信息得到表达。不同人种之间头发、肤色、眼睛、鼻子等的不同，是基因差异所致。人类基因组计划的目的是解码生命、了解生命的起源、了解生命体生长发育的规律、认识种属之间和个体之间存在差异的起因、认识疾病产生的机制以及长寿与衰老等生命现象，来为疾病的诊治提供科学依据。

人类基因组计划的主要内容是对人类的DNA进行测序，绘制出遗传图谱、物理图谱、序列图谱、基因图谱四张谱图，此外还有测序技术、人类基因组序列变异、功能基因组技术、比较基因组学、社会、法律、伦理研究、生物信息学和计算生物学、教育培训等方面的内容。在人类基因组计划中，还包括对5种生物基因组的研究：大肠杆菌、酵母、线虫、果蝇和小鼠，称之为人类的5种"模式生物"。

2001年2月12日，美国Celera公司与人类基因组计划分别在《科学》和《自然》杂志上公布了人类基因组精细图谱及其初步分析结果。至此，整个人类基因组测序工作基本完成。2003年4月14日，中、美、日、德、法、英等6国科学家宣布人类基因组序列图绘制成功，人类基因组计划的所有目标全部实现。已完成的序列图覆盖人类基因组所含基因区域的99%，精确率达到99.99%。

随着人类基因组逐渐被破译，一张生命之图将被绘就，人们的生活也将发生巨大变化。基因药物已经走进人们的生活，利用基因治疗更多的疾病不再是一个奢望。随着我们对人类本身的了解迈上新的台阶，很多疾病的病因将被揭开，药物也将设计得更好些，这样治疗方案就能"对因下药"，生活起居、饮食习惯有可能根据基因情况进行调整，人类的整体健康状况将会提高，21世纪的医学基础将由此奠定。

意义重大的1%

1999年9月1日，在英国伦敦第五次人类基因组测序战略会议上，中国参与了讨论，与各国一起制定了标准，界定人类基因组的工作区域。经过积极争取，人类基因组计划国际组织决定由中国承担1%的测序任务，即3号染色体3000万个碱基的测序任务。中国成为继美、英、德、日、法之后第6个参与该计划的国家，也是唯一的发展中国家。我国测序的这段染色体是基因密集的区段，估计有750到1000个基因，蕴藏着较大的开发资源。

按照计划，人类基因组项目需要在2000年内完成人类基因组90%以上的测序工作，拿到"工作草图"。而中国拿到任务的时候，距离拿出"工作草图"的最后期限只剩下不到1年的时间。为了抢在时间前面，大规模的基因测序于1999年10月1日迅速开始。国家科学技术部以最快的速度，破例拨款3000万元人民币支持。国家人类基因组南、北方研究中心也参与了这一项目，具体分配是：中国科学院遗传与发育生物学研究所（简称中科院遗传所）承担测序任务的55%，国家人类基因组北方研究中心承担20%，国家人类基因组南方研究中心承担25%。

一边加紧培训，一边抓紧测序。科技人员利用14台测序仪对基因材料——碱基进行测序。一台机器最多能同时对96个样品进行测序。北京空港工业区的一座大楼里，昼夜灯火通明。100多人分为两班，停人不停机，每天必须完成对20万个碱基的测序工作。这里没有周末、元旦和春节，研究人员开足马力进行攻关，加快研究3号染色体的遗传密码，以期在这一宏伟科学计划中占据一席之地，和其他国家的科学家并肩登上这座生命科学之巅。

2000年4月，中国科学家宣布：在各方共同努力下，1%的测序任务基本完成，其中50%达到了完成图的标准，我国科学家在世界上率先拿到了"工作框架图"。2001年8月26日，人类基因组"中国卷"的绘制工作宣告完成。DNA双螺旋结构发现者之一的詹姆斯·沃森认为，中国的基因组研究机构"可以和世界上任何一个国际同类机构媲美和竞争"，中国已经成为"DNA科学的重要角色"。

虽然这次中国只承担了1%的测试工作，从工作量上看1%不算大，但却意义深远。这是在向全世界证明：只要目标集中，措施有力，中国科学家就有能力参与国际重大科技合作研究，跻身于国际生命科学前沿，并做出重要贡献。在参与这一计划的6个国家中，我国虽然参与时间最晚，但基因组测序能力已经超过法国和德国，名列第四。

我国是世界上生物资源最为丰富的国家之一，也是生物基因资源最为丰富的国家之一。1%测序任务的完成，必将大大促进我国生物信息学、生物功能基因组和蛋白质等生命科学前沿领域的发展，也将为我国医药卫生、农业等生物高技术产业的发展开辟更加广阔的前景。在大规模测序能力的基础上，我国科学家正在实施一个宏伟的中国生物资源基因组计划，以期掌握更多的、有特色的中国生物基因资源。如超级水稻基因组计划，这项和"杂交水稻之父"袁隆平的合作，必将对水稻研究和粮食生产产生重大影响。

国际人类蛋白质组计划

2003年4月，历时13年的"国际人类基因组计划"正式完成。但仅仅测绘出基因组序列，并不能达到基因诊断和基因治疗的目的，要使得基因组计划真正得到应用还必须对其编码产物——蛋白质组进行系统深入的研究。于是，人类蛋白质组研究成为继人类基因组计划之后生物科技发展的重要课题。

国际人类蛋白质组计划

蛋白质组学是一门新兴但发展迅速的学科。1994年，澳大利亚科学家马克·威尔金斯首次提出了蛋白质组的概念。蛋白质组概念的提出加速了蛋白质组学的凝聚和发展，国际上主要发达国家和地区自此纷纷加大对蛋白质组学的支持力度，蛋白质组学成为各强国科技角力新的"战场"，尤其是2001年国际人类蛋白质组研究组织成立之后，蛋白质组研究进展迅速。

国际人类蛋白质组研究组织（HUPO）总部设在加拿大蒙特利尔市，是一个协调各个国家蛋白质组研究组织的一个国际性组织。它成立以后便一直致力于人类蛋白质组的研究，先后发动了十多个人类蛋白质组研究计划，这些计划被统称为"国际人类蛋白质组计划"。

我国是世界上较早开始蛋白质组研究的国家。1998年，中国国家自然科学基金委员会设立了"蛋白质以及蛋白质结构动态变化与其生物功能的研究"。2001—2002年，国家重点基础研究发展计划（简称"973计划"）、国家科技攻关计划、国家高技术研究发展计划（简称"863计划"）等重大项目共给予中国人类蛋白质组研究上亿元资金的支持，北京市政府也为这一研究提供了2000万元研究经费。

2002年11月，在首届人类蛋白质组国际大会上，我国科学家作了"人类肝脏蛋白质组研究计划"的大会报告。经过与会代表的热烈讨论，一致同意正式启动"人类肝脏蛋白质组研究计划"（HLPP）。2003年11月，在蒙特利尔召开的第二届国际蛋白质组大会，确定中国为人类肝脏蛋白质组计划的唯一牵头国。于是，由我国科学家牵头领导的"人类肝脏蛋白质组计划"成了首批"国际人类蛋白质组计划"项目之一（首批开展的项目还有美国主持的"人类血浆蛋白质组计划"）。2003年12月15日，"人类肝脏蛋白质组计划"正式开展，总部设在北京。这是中国科学家第一次领导执行重大国际科技协作计划。在人类基因组计划中，中国作为唯一的发展中国家，承担了1%的研究任务；在人类肝脏蛋白质组计划中，中国科学家承担30%的研究任务，成为推进该计划的主力军团。

相比基因组，蛋白质组复杂得多。基因组图只有一张，但是蛋白质组图却是每个器官都有一张，工作更艰巨、更复杂，更需要各国科学家一起协商、密切合作。国际人类蛋白质组计划的最大的追求目标，是要团结各国科学家，通过空前的全球大协作，找到人类认识自身、征服疾病的"钥匙"。而蛋白质组计划的成果会由全人类共享，所有研究数据都将公开。

中国领头人类肝脏蛋白质组计划

中国的人类肝脏蛋白质组计划，将对人类所有蛋白质进行鉴定和功能分析，全面系统地探索人类生命活动的奥秘；分析人类肝脏组织蛋白质组，寻找并解析与人类肝脏重大疾病和重要生理功能相关的蛋白质。项目分两个阶段实施，2003—2005年为启动阶段，2006—2010年为全面实施阶段。整个计划耗资10亿美元以上。

目前已制定样本采集等多个标准操作程序，鉴定近2万个人肝脏蛋白质，并对这些数据进行了系统分析，产生了很多重要的数据。从2003年开始启动，到2005年完成表达谱的任务方面已经鉴定出高可信度的6788个非冗余蛋白,发现了包含1000余个"蛋白质—蛋白质"相互作用的网络图,建立了2000余株蛋白质抗体。另外,人类蛋白质组计划于2004年启动HGPI计划,即在疾病糖组/蛋白质组方面建立技术标准,并已经在最近进入发现生物标志物阶段;2006年启动CVI计划,即心血管蛋白质GO注释研究计划;2007年启动干细胞引物的蛋白质组生物学计划,组织了团队,并确定了研究方向及策略。

人类肝脏蛋白质组计划在2010年前后完成,绘制出人类肝脏蛋白质表达谱、修饰谱以及定位图、连锁图、结构图,建立样本库、抗体库和数据库,简称"两谱三图三库"。人类肝脏蛋白质组两谱三图三库工作的完成,可以帮助科学家们通过对肝脏蛋白质全景式、高通量和规模化的研究,解析肝脏蛋白质在生理、病理过程中的功能意义,为肝脏疾病的预警、预防、诊断和治疗提供科学依据。

帮助全世界征服肝脏疾病

肝脏是人体的第一大器官,是物质代谢、能量转换及供应的"枢纽",是机体内多种重要信息调控分子的"集散地",是机体内再生能力最强的器官,在人类生命活动中占有重要地位。同时,肝脏又是淋巴细胞以外最常见的病原体持续感染的场所。但近年来,由于受到生存环境和压力的影响,肝病疫情在全球范围内爆发。现在,肝病是一种几乎肆虐了大半个地球的人类公敌。目前,全球仍以每年新增肝炎病患者约5000万人的速度递增。

我国和大多数亚洲国家一样是个肝病多发国,有超过1亿人患肝病,每年死于肝病的人有数十万之多,乙型肝炎病毒携带者占人口的比例相当高。全国一年所花费的防治经费高达1000亿元以上,数额巨大。控制肝病的发生发展和提高肝病患者的生活质量事关国计民生,对现代医学提出了巨大的挑战。

各国科学家包括我国科学家已经认识到,蛋白质组学为全面认识肝脏及其疾病提供了新的历史性机遇。因此人类肝脏蛋白质组计划的实施，将极大地提高肝病的治疗和预防水平，降低医疗费用。同时，将使我国在肝炎、肝癌为代表的重大肝病的诊断、防治与新药研制领域取得突破性进展，并不断提高我国生物医药产业的创新能力和国际竞争力。

由我国科学家领衔的人类肝脏蛋白质组计划，主要是揭示并确认肝脏的蛋白质组；在蛋白质水平上规模化注解与验证人类基因组计划所预测的编码基因；实现肝脏转录组、肝脏蛋白质组、血浆蛋白质组及人类基因组的对接与整合；揭示人类转录、翻译水平的整体、集群调控规律；建立肝脏"生理组""病理组"；为重大肝病防、诊、治疗和新药研发的突破提供重要的科学基础。人类肝脏蛋白质组计划旨在最终发现一批肝脏疾病的预警分子、诊断标志、药物靶标、疾病治疗靶标和创新药物，提升肝病预防、诊断与治疗水平，为最终征服肝病提供强劲的科学动力。

欧盟超级计算合作项目

作为高科技发展的要素，超级计算机早已成为世界各国经济和国防方面的竞争利器。经过中国科技工作者几十年不懈的努力，中国的高性能计算机研制水平显著提高，成为继美国、日本之后的第三大高性能计算机研制生产国。

欧盟超级计算机

超级电脑，即超级计算机，通常是指由成百上千甚至更多的处理器（机）组成的、能计算普通个人计算机和服务器不能完成的大型复杂课题的计算机。超级计算机是计算机中功能最强、运算速度最快、存储容量最大的一类计算机，多用于国家高科技领域和尖端技术研究，是国家科技发展水平和综合国力的重要标志。随着超级计算机运算速度的迅猛发展，它也被越来越多地应用在工业、科研和学术等领域。

中国现阶段拥有超级计算机22台（中国内地19台，香港1台，台湾2台），居世界第五位，就拥有量和运算速度在世界上处于领先地位，但就超级计算机的应用领域来说，中国和发达国家美国、德国等国家还有较大差距。

作为高科技发展的要素，超级计算机早已成为世界各国经济和国防方面的竞争利器。2010年6月9日，欧洲千万亿次超级计算机合作发展计划在西班牙巴塞罗那启动，该计划旨在建立一个连接欧洲各种计算资源的基础设施，增强欧洲的超级计算能力。

该计划的主要参与国西班牙、法国、意大利和德国签署了有关合作章程；欧盟委员会和包括上述4个国家在内的20个欧洲国家，在欧洲高级计算合作关系联盟的框架内参与了这项计划。新计划将允许欧洲研究人员使用其他国家的超级计算机，通过每秒计算千万亿次的运算速度，来帮助他们进行科研项目。

德国的Jugene是欧洲运算速度最快的超级计算机，也是欧洲首台供科研人员通过欧洲高级计算合作关系使用的计算机。从2011年到2015年，德国、法国、意大利和西班牙的其他超级计算机将逐步启用。

根据计划，在计划启动后的未来5年，西班牙、法国、意大利和德国承诺为千万亿次超级计算机合作发展计划各投资1亿欧元，欧盟委员会将为该计划投资7000万欧元，另外参与计划的16个国家（奥地利、保加利亚、塞浦路斯、芬兰、希腊、爱尔兰、挪威、荷兰、波兰、葡萄牙、捷克、英国、塞尔维亚、瑞典、瑞士和土耳其）也将在一定程度上投入人力和财力。

中国"天河一号"加入

2012年4月23日，中国国家超级计算天津中心——天津大学，联合欧盟5国（英国、挪威、西班牙、保加利亚、瑞士）共同参与的中欧超级计算战略合作项目在天津启动。

"天河一号"是由中国国防科技大学研制的中国首台千万亿次超级计算机。它包括两期系统，一期系统于2009年9月研制成功，峰值速度为1206TFlops（万亿次浮点运算每秒），持续速度为563.1TFlops（LINPACK实测值，LINPACK是国际上通用的超级计算机或高性能计算机评测软件），是中国首台千万亿次超级计算机系统。这些数字意味着"天河一号"每计算1天，一台配置Intel（英特尔）双核CPU（中央处理器）、主频为2.5GHz（千兆赫兹）的微型计算机就需要连续计算160年。就共享存储总容量而言，"天河一号"的存储量相当于4个藏书量为2700万册的国家图书馆。二期系统于2010年8月在国家超级计算天津中心升级完成，峰值速度提升为

4700TFlops，持续速度提升为2566TFlops（LINPACK实测值），部分采用了自主研制的飞腾-1000中央处理器。"天河一号"参加2010年11月世界超级计算机TOP500排名，位列世界第一，实现了从亚洲第一向世界第一的重大跨越，取得了中国自主研制超级计算机综合技术水平进入世界领先行列的历史性突破。

中欧超级计算战略合作项目将基于"天河一号"千万亿次异构超级计算平台，开展大规模应用研究和测试，探讨未来超级计算机研制和应用技术趋势。项目组成员由中国、英国、保加利亚、挪威、西班牙、瑞士等国专家组成。该项目通过欧盟第七科技框架计划（简称FP7）支持展开合作。中国在大型计算机领域经验丰富，欧盟希望通过这一合作，对未来高性能计算发展规划提供指导和参考。

根据规划，中欧超级计算战略合作项目执行期为两年，计划组织5次大规模研讨会。欧盟专家将与中国超级计算领域的研究、开发、设计团队确定未来合作研究项目的重点关注领域和挑战性问题；通过交流、访问、互换学生等方式实现超算资源共享；共促双方超级计算机领域教育项目、合作培训等。

功能强大的"天河一号"

"天河一号"拥有超强的运算能力。它作为一个国家的基础性科技资源，已广泛参与到我国的科技和生产中。在应用领域，它已经构建起了石油勘探数据处理、动漫与影视特效渲染、生物医药数据处理、高端装备制造设计与仿真、地理信息处理五大应用基础平台，为300多家企业提供服务。下面是其主要几个功能的介绍。

一、石油勘探

高性能计算技术在全世界应用的主要领域之一就是石油地震勘探。现在，石油勘探通常是通过在地表或海面人工激发地震波，收集来自地下的反射地震波，通过计算处理来了解地下地质结构形态，从而判明石油位置和储量。以往地震勘探的成像都是通过计算射线或单程地震波数据得来，近年来新兴的方法是通过双程地震波数据计算完成，结果更加精准。人们只要在超级计算机简单敲入几个指令，一幅几十千米长的地质形态剖面图便可展现在眼前。有了计算出的海底地震成像图形，石油勘探开发就像有了CT片子，海底下的地质结构就一目了然。但运算量却增加了成百甚至上千倍，只有依靠超级计算机才能完成。以前一个石油企业的20年多台大型计算机累计计算能力也就每秒1000万亿次，现在用"天河一号"，单系统每秒计算能力就达到4700万亿次。

二、动漫生产提速

以美国3D电影《阿凡达》为例，其特技渲染耗时1年多，如果使用"天河-酷卡"平台，仅需两个月甚至更短时间。"天河-酷卡"动漫与影视超级渲染云计算平台能高效、快速实现复杂化、高难度、大场景动漫影视作品的渲染工作，是当今世界上规模最大、渲染速度最快的超级渲染平台。在2012年春节联欢晚会上，此起彼伏的舞台效果和绚烂多姿的背景灯光秀给观众留下了深刻印象。其中《龙凤呈祥》和《天鹅湖》等节目的大屏幕灯光效果就是在"天河-酷卡"平台完成的。应用超级计算渲染平台是未来影视制作发展的趋势，它能使电影制作更加高效、快捷，对节省时间、缩减成本将有很大帮助。

三、精确导航

只要鼠标轻点，某个地方的建筑外观、道路走向、距离计算，甚至特定时段的光照情况都能了如指掌。这个愿望即将变成现实。在"天地图三维城市在线地图"上，随着页面刷新，地形起伏一步步展现，建筑物一栋栋竖立，数十秒间一座城市已经在屏幕上"长"成。城市的每条街道、每个建筑都以实景的三维立体图像形式展现在地图上，立交桥、楼宇、灯杆，以及绿植都十分清晰，甚至能清楚地看到每栋建筑物的入口。该平台还具有搜索、测量、导航以及光线分析等特色功能，并且能够为数字城市、城市应急、综合智能交通、智慧旅游等国民经济各领域提供基础地理信息资源。

"天地图三维城市在线地图"的三维立体实景图像，就是通过"天河一号"把激光扫描地面的数据信息和实景照片进行计算叠加形成的。这个信息采集量非常大，每平方米至少要4个以上采集点，然后还要再跟实景影像图片进行叠加。依托"天河"建立数据应用处理基地后，需要把全国数据采集到"天河"上进行运算，集成后再通过"天河"上线发布。

四、公共服务平台

"天河一号"在生物医药数据处理、金融服务、工程仿真设计、天气预报与气候预测、海洋环境模拟分析等公共服务领域也开展了广泛应用。在基因组学研究和应用领域，天津超级计算中心和具有世界顶尖水平的华大基因强强联合，成立"生物信息计算联合实验室"，开展面向基因信息处理的高性能计算技术的研究。高性能计算机为基因组学的进一步发展提供了保障，过去完成500人的基因信息关联性分析要用1年时间，现在用上"天河"只需要3个多小时，效率大幅提升。

五、在工程仿真设计领域

"天河一号"将高性能计算与各种工程设计、仿真软件结合，建成了以服务高端装备制造业为导向，立足天津、面向东三省的工程设计与仿真平台，并已向天津汽车模具股份有限公司、中国船舶重工集团公司等10余家企业提供计算服务。

六、在金融服务领域

"天河一号"运用超强运算能力帮助渣打（天津）科技信息营运服务有限公司进行金融业风险分析、成本分析。渣打银行有关负责人表示，过去一直租用国外超级计算资源，在与天津超级计算中心合作后，开始在风险分析、成本分析、投资组合构建等金融领域发挥"天河一号"的超级计算能力，不仅节约了成本，而且极大提高了运算效率。

国际热核聚变实验堆计划

　　"国际热核聚变实验堆（ITER）计划"是目前全球规模最大、影响最深远的国际科研合作项目之一，建造约需10年，耗资50亿美元。ITER装置是一个能产生大规模核聚变反应的超导托卡马克（一种利用磁约束来实现受控核聚变的环形容器），俗称"人造太阳"。2003年1月，国务院批准我国参加ITER计划谈判，2006年5月，经国务院批准，中国ITER谈判联合小组代表我国政府与欧盟、印度、日本、韩国、俄罗斯和美国共同草签了ITER计划协定。

国际热核聚变实验堆计划

　　如果说重原子核在中子打击下分裂放出的"裂变能"是当今原子能电站及原子弹能量的来源，那么两个氢原子核聚合反应放出"核聚变能"就是宇宙间所有恒星（包括太阳）释放光和热及氢弹的能源。人类已经能控制和利用核裂变能，但由于很难将两个带正电核的轻原子核靠近从而产生聚变反应，所以控制和利用核聚变能需要历经长期的、非常艰苦的研发历程。

　　国际热核聚变实验堆计划（International Thermonuclear Experimental Reactor），简称"ITER"，就是致力于核聚变能的国际科研合作项目。

　　作为结束冷战的标志性行动之一，苏联原领导人戈尔巴乔夫和美国原总统里根在1985年日内瓦峰会上倡议，由美国、苏联、欧洲、日本共同启动"国际热核聚变实验堆（ITER）"计划。ITER计划的目标是要建造一个可自持燃烧（即"点火"）的托卡马克核聚变实验堆，以便对未来聚变示范堆及商用聚变堆的物理和工程问题做深入探索。

　　最初，该计划仅确定由美、俄（俄罗斯）、欧、日四方参加，独立于联合国原子能委员会（IAEA）之外，总部分设美、日、欧三处。由于当时的科学和技术条件还不成熟，四方科技人员于1996年提出的ITER初步设计很不合理。1998年，美国出于政治原因和国内纷争，退出ITER计划。欧、日、俄三方则继续坚持合作，并基于20世纪90年代核聚变研究及其他高新技术的新发展，大幅度修改实验堆的设计。2001年，欧、日、俄联合工作组完成了ITER装置新的工程设计（EDA）及主要部件的研制，预计建造费用为50亿美元（1998年价），建造期8~10年，运行期20年。其后，三方分别组织了独立的审查，都认为设计合理，基本上可以接受。

2002年，欧、日、俄三方以EDA为基础，开始协商ITER计划的国际协议及相应国际组织的建立，并表示欢迎中国与美国参加ITER计划。中国于2003年1月初正式宣布参加协商，其后美国在1月末由布什总统特别宣布重新参加ITER计划，韩国在2005年被接受参加ITER计划协商，印度于2006年加入ITER协商。最终，7个成员国政府于2006年5月25日草签了建设ITER的国际协定。

在ITER建设总投资的50亿美元（1998年价）中，欧盟贡献46%，美、日、俄、中、韩、印各贡献约9%。根据协议，中国贡献中的70%以上由我国制造所约定的ITER部件折算，10%由我国派出所需合格人员折算，需支付国际组织的外汇不到20%。

ITER计划是目前世界上仅次于国际空间站的又一个国际大科学工程计划。与不可再生能源和常规清洁能源不同，聚变能具有资源无限、不污染环境、不产生高放射性核废料等优点，是人类未来能源的主导形式之一，也是目前认识到的可以最终解决人类社会能源问题和环境问题、推动人类社会可持续发展的重要途径之一。因此，ITER计划备受各国政府与科技界的高度重视和支持。

必须走上合作的道路

我国是一个持续高速发展的发展中大国，能源问题日益突出，因而我国对有可能彻底解决能源问题的核聚变能研究作了力所能及的安排，对国际上有关ITER计划的讨论一直给予高度关注。经过深入调研和充分论证，中国政府于2003年1月决定正式参加ITER计划谈判。此后，中国还积极推动谈判进程，为尽早启动实施ITER计划进行了不懈努力。这期间，中国先后承办了ITER第九次和第十一次政府间谈判会议。

我国核聚变能研究开始于20世纪60年代初，尽管经历了长时间非常困难的环境，但始终能坚持稳定、逐步的发展，建成了两个在发展中国家最大的、理工结合的大型现代化专业研究所，即中国核工业集团公司所属的西南物理研究院（SWIP）和中国科学院所属的合肥等离子体物理研究所（ASIPP）。

为了培养专业人才，还在中国科技大学、大连理工大学、华中科技大学、清华大学等高等院校中建立了核聚变及等离子体物理专业或研究室。国家科学技术部依托中国科技大学成立"国家磁约束聚变堆总体设计组"，中国科技大学核科学技术学院院长万元熙院士担任组长。

我国核聚变研究从一开始，即便规模很小时，就以在我国实现受控热核聚变能为主要目标。从20世纪70年代开始，集中选择了托卡马克为主要研究途径，先后建成并运行了小型的CT-6（中国科学院物理研究所）、KT-5（中国科技大学）、HT-6B（ASIPP）、HL-1（SWIP）、HT-6M（ASIPP）及中型的HL-1M（SWIP）。最近SWIP建成的HL-2A经过进一步升级，有可能进入当前国际上正在运行的少数几个中型托卡马克之列。在这些装置的成功研制过程中，组建并锻炼了一批聚变工程队伍。我国科学家在这些常规托卡马克装置上开展了一系列十分有意义的研究工作。1991年，我国开展了超导托卡马克发展计划（ASIPP），目的是探索解决托卡马克稳态运行问题。1994年，建成并运行了世界上同类装置中第二大的HT-7装置，最近初步建成了首个与ITER位形相似（规模小很多）的全超导托卡马克EAST。超导托卡马克计划无疑为我国参加ITER计划在技术与人才方面做了进一步的准备。

尽管就规模和水平来说，我国核聚变能的研究和美、欧、日等发达国家还有不小的差距，但是我们有自己的特点，也在技术和人才等方面为参加ITER计划做了相当的准备。这使得我们有能力完成约定的ITER部件制造任务，为ITER计划做出相应的贡献，并有可能在合作过程中全面掌握聚变实验堆的技术，达到我国参加ITER计划的总目的。

核聚变能的研发对每个大国都是必要的，但又是一个长期、大规模、高投入而且又是高风险的过程。目前，我国核聚变研究距离发达国家还有很大差距，还须经过若干年的努力才能接近"实验堆"建设和研究阶段。如果采取单独建造实验堆，则又须花费上百亿资金和十数年时间，我国和国际的差距会进一步扩大。因此，参加ITER的建设和实验，从而全面掌握ITER的知识和技术，培养一批聚变工程和科研人才，使其成为我国聚变研究的一部分，再配合国内安排必要的基础研究、聚变反应堆材料的研究、聚变堆某些必要技术的研究等，则有可能在较短时间、用较小投资使我国核聚变能研究在整体上进入世界前沿，为我国自主地开展核聚变示范电站的研发奠定基础。

EAST超导托卡马克核聚变实验装置

可控核聚变或许是能源领域的最大指望。从20世纪60年代以来，利用磁约束实现可控核聚变（托卡马克），是各种实验路径中最有希望的一种。中国从20世纪90年代开始就实施大中型托卡马克发展计划。

十几年前，全部用超导系统来形成磁场的装置，世界上还没有先例。中国科学家提交申请，在1998年得到国家项目，建造一个"实验的先进的超导的托卡马克"，英文简称EAST，设在合肥等离子体物理研究所。EAST是全世界最先进的探索可控核聚变的装置之一。因为它的成功，中国人站在了核聚变研究的前沿。

EAST装置是中国耗时8年，耗资2亿元人民币，自主设计、自主建造而成的，它的外表是一个近似圆柱形的大型物体，由特种无磁不锈钢建成，高约12米、直径约5米，总重量达400吨。而在它的母体里，嵌入了许多的中国科学家的自主创新。整个项目的自研率在90%以上，取得了65项具有自主知识产权的技术和成果。与国际同类实验装置相比，EAST是使用资金最少、建设速度最快、投入运行最早、运行后获得等离子放电最快的先进核聚变实验装置。

然而，磁场的快速变化让超导体容易失去超导性。各种极端和复杂的条件，加之要让各种复杂仪器集合在狭小的空间里正常工作，这些都使全超导托卡马克的实现很困难。EAST的每一个子系统，都需要更繁杂的系统来支持，而且需要各种新式的设计。但是，中国科学家克服了种种困难。2006年，EAST实现了第一次"点火"——激发等离子态与核聚变。很快，它就实现了最高连续1000秒的运行，这在当时是前所未有的成就。

目前，EAST等实验装置仍然继续在等离子体的参数如温度、密度、持续放电时间上取得突破，成为国际上同类装置优先参考的样板。2003年10月，有25位外国人到合肥对EAST进行了评估，其中包括英、德、美、俄、日、法等国著名聚变研究所的所长和国际聚变研究组织的负责人，也包括"国际热核聚变试验堆"（ITER）计划的负责人，同时也是EAST工程建设的国际顾问委员会成员。他们写下的评议意见是："EAST将是一个对世界聚变研究产生重要影响的先进科学设备；它将是世界上第一个同时具有全超导磁体和主动冷却结构的托卡马克，能实现稳态运行；EAST是中国聚变研究向前迈出的一大步，是中国新一代聚变人才培养的巨大成功。"

大亚湾中微子实验项目

大亚湾中微子实验是中国基础科学领域目前最大的国际合作项目，由中国、美国领导，俄罗斯、捷克及中国香港与中国台湾科学家共同参与。该项目自2006年立项，2007年10月动工，2011年年中逐步完成探测器的建造与安装，半年内便发现了新的中微子振荡模式，震动了整个国际物理学界。

鲜为人知的大亚湾中微子实验

提起大亚湾，很多人自然想到核电站，但是中微子实验项目却鲜为人知。在大亚湾核电站群附近的山洞内，有一条长达3000米的隧道，大亚湾反应堆的5个中微子实验室即藏身于此。

中微子质量非常微小，几乎不与物质发生相互作用，极难被探测，同时中微子还能通过振荡相互转化。大亚湾反应堆中微子实验工程要做的就是利用中国大亚湾核反应堆群产生的大量中微子，寻找并精确测量到一种新的中微子振荡，从而揭开中微子最后一个未被破解的振荡模式。

大亚湾实验是一个中微子"消失"的实验，它通过分布在3个实验大厅的8个全同的探测器来获取数据。每个探测器为直径5米、高5米的圆柱形，装满透明的液体闪烁体，总重110吨。周围紧邻的核反应堆产生海量的电子反中微子，近点实验大厅中的探测器将会测量这些中微子的初始通量，而远点实验大厅的探测器将负责寻找预期中的通量减少。

在2011年12月24日至2012年2月17日的实验中，科研人员使用了6个中微子探测器，完成了实验数据的获取、质量检查、刻度修正和数据分析。结果表明中微子第三种振荡概率为9.2%，误差为1.7%，从而首次发现了这种新的中微子振荡模式，引起国际物理学界的震动。美国杰斐逊实验室常务副所长罗伯特·麦昆将这项发现称之为"中国有史以来最重要的物理学成果"，认为"中国粒子物理的时代已经到来"。

对大亚湾中微子实验项目，中国内地总投资1.6亿元人民币，它得到国家科学技术部、中国科学院、国家自然科学基金委员会、广东省、深圳市和中国广东核电集团的共同支持，其中广东省与深圳市分别投入2000万元和1000万元，中国广东核电集团投入3500万元。在建设过程中，中方主要负责实验室建设以及中心探测器钢罐的研制、液体闪烁体的研制、反符合探测器RPC的研制、读出电子学与数据获取系统等。

大亚湾实验的结果具有极为重要的科学意义。它不仅使我们更深入了解了中微子的基本特性，也决定了我们是否能够进行下一代中微子实验，以了解宇宙中物质—反物质的不对称现象，即宇宙中"反物质消失之谜"。2012年美国《科学》杂志评出十大科技进展，大亚湾中微子合作项目位列其中。

未来，大亚湾中微子实验项目将争取在3年内将测量精度再提高4倍左右，以巩固世界领先的研究优势。与此同时，大亚湾实验室正在积极筹备新的实验计划，部署前瞻性的预研项目。另外，中微子研究的第二期项目将在第十三个五年计划（简称"十三五"）期间启动，开展更深层次的中微子物理研究。

美国放弃自建方案

由于中微子实验科学意义重大，国际上先后有7个国家提出了8个实验方案，最终进入建设阶段的共有3个。中国科学院高能物理研究所的科研人员2003年提出设想，利用我国大亚湾核反应堆群产生的大量中微子，来寻找中微子的第三种振荡，并提出了实验和探测器设计的总体方案。

我国之所以提出这样的方案，是出于大亚湾的地理地形特点。一方面，该项目紧邻世界上最大核反应堆群之一的大亚湾核电站与岭澳核电站；另一方面，大亚湾紧邻高山，有着天然的宇宙线屏蔽，可排除杂散的中微子，这成为试验成功与否的关键。

由于这一方案具有独特的地理优势和独到的设计，得到了国际上的广泛支持。美国能源部则放弃原来在其本土自建实验室的方案，而向大亚湾项目注入资金3400万美元。目前这个项目汇集了来自中国大陆、美国、俄罗斯、捷克、中国香港和中国台湾等6个国家和地区，中外科研机构单位有38个，参与实验的科学家达250人，项目按大型粒子物理实验的国际惯例组织和管理，对所有合作组成员开放大亚湾实验装置和所获取的数据。新合作组成员的接纳，由现有合作组的研究所代表委员会负责审理。

国际合作是世界各国发展粒子物理实验研究的基本方式，对于大亚湾中微子实验项目来说，国际合作推动了项目的立项，解决了关键的经费缺口，加强了国际竞争意识，推动了工作进程，让中国科研机构有了更大的国际影响力。同时通过竞争与合作，使中国年轻科研人员在国际竞争环境中得以迅速成长。

大亚湾中微子实验项目中，中国科学家占据主动地位。大部分方案设计采用中国科学院高能物理研究所（简称中科院高能所）的设计方案；实验建造关键技术掌握在自己手中；数据分析方面，完整独立掌握全部分析过程；最快完成结果分析，物理结果虽有相互校验，但中科院高能所的结果是发表论文中采用的正式结果。此外，大亚湾实验还极大提升了中国在探测器设计和建造方面的国际声誉，其中，探测器内用于捕获"幽灵粒子"中微子的掺轧液体闪烁体的关键技术，已取得突破，并达到国际先进水平。

极具潜力的中微子应用

19世纪末20世纪初，科学家们发现，在量子世界中，能量的吸收和发射是不连续的。不仅原子的光谱是不连续的，而且原子核中放出的阿尔法（α）射线和伽马（γ）射线也是不连续的。这是由于原子核在不同能级间跃迁时释放的，是符合量子世界的规律的。奇怪的是，物质在贝塔（β）衰变过程中释放出的由电子组成的贝塔（β）射线的能谱却是连续的，而且电子只带走了它应该带走的能量的一部分，还有一部分能量失踪了。

1930年，奥地利物理学家沃尔夫冈·泡利提出了一个假说，认为在β衰变过程中，除了电子之外，同时还有一种静止质量为零、电中性与光子有所不同的新粒子放射出去，带走了另一部分能量，因此出现了能量亏损。这种粒子与物质的相互作用极弱，以至仪器很难探测得到。未知粒子、电子和反冲核的能量总和是一个确定值，能量守恒仍然成立，只是这种未知粒子与电子之间能量分配比例可以变化而已。当时泡利将这种粒子命名为"中子"，1932年真正的中子被发现，意大利物理学家恩利克·费米将泡利的"中子"正名为"中微子"。

现在人们能够探测中微子了，而这将给人类的日常生活带来什么影响呢？

中外参与大亚湾中微子实验项目的科学家认为，中微子具有潜在的应用价值。由于中微子不带电，不会像带电粒子一样被物质阻挡和磁场偏转，也不会像光子和带电粒子一样，与宇宙背景辐射相互作用，所以，科学家用中微子作探针，可以直达宇宙深处或地心深处；天文方面，中微子携带天体的许多信息，引入天文学观测后，将极大推动天文学发展；地质方面，科学家们正设想通过观测地质中微子，探索地球深处的奥秘。

中微子还可应用于核反应堆的安全监测。由于反应堆在运行过程中会释放出大量中微子，建造一个中微子探测器，就能实施监测反应堆的运行。

中微子在通信领域也是大有可为。由于地球是球面，加上表面建筑物、地形的遮挡，电磁波长距离传送要通过通信卫星和地面站。而中微子可以直透地球，它在穿过地球时损耗很小，用高能加速器产生10亿电子伏特的中微子穿过地球时只衰减千分之一，因此，从地球上任意一点可以使用中微子来穿过地球直接传至另一点。将中微子束加以调制，就可以使其包含有用信息。美国费米实验室的科学家在2012年3月宣布，利用一个试验装置，成功地用中微子实现了通信。也许在不久的将来，中微子就能变成实用的通信方式。

大型强子对撞机

　　大型强子对撞器（Large Hadron Collider，简称LHC），是一座位于瑞士日内瓦近郊欧洲核子研究组织（CERN）的粒子加速器与对撞机，作为国际高能物理学研究之用。LHC已经建造完成，北京时间2008年9月10日下午15：30正式开始运作，成为世界上最大的粒子加速器设施。

重现宇宙大爆炸

　　在1984年，欧洲核子研究组织（CERN）的科学家提出了LHC这一项目的构想。LHC是一个国际合作的计划，从20世纪90年代初开始设计，来自80多个国家和地区的约7000名科学家和工程师参与了该项计划。到目前为止，该组织的20个成员国以及美国、日本等观察员国（指在一些国际政治经济体或国际民间团体参与国际组织时列席的国家）向这个项目捐助了约100亿美元。据估计，每年欧洲核子研究组织的总经费大约为5亿多欧元，此对撞机将运营20年之久，总运营费将达100多亿欧元，而这些费用由各成员国按国民生产总值比例分摊。

　　LHC包含了一个圆周为27千米的圆形隧道，这是由于当地位于地下50至150米之间的地形缘故。隧道本身直径3米，位于同一平面上，并贯穿瑞士与法国边境，主要的部分大半位于法国。隧道内安放了4个探测器，即紧凑缪子线圈（CMS）、超环面仪器（ATLAS）、底夸克探测器（LHCb）和大型离子对撞机（ALICE）。4个探测器中，ATLAS体积最大，直径22米，高46米，几乎相当于半个巴黎圣母院。CMS大小只有ATLAS的六分之一，但重量是ATLAS的1.8倍，约4吨，它使用的铁比埃菲尔铁塔还多。它采用圆柱形超导电缆线圈，可产生4特斯拉（磁感应强度单位，符号T）的磁场，相当于地球磁场的10倍。

虽然隧道本身位于地底下，但地面上还有许多其他的设施，如冷却压缩机、通风设备、控制电机设备以及冷冻槽等建构于其上。

加速器通道中，主要是放置两个质子束管。加速管由超导磁铁所包覆，以液态氦来冷却。管中的质子是以相反的方向，环绕着整个环型加速器运行。除此之外，在四个实验碰撞点附近，另外安装其他的偏向磁铁及聚焦磁铁。

多国斥巨资建造的这个巨型粒子加速器，目的只有一个，就是模仿"宇宙大爆炸"的最初情景，寻找"上帝粒子"——希格斯玻色子。

在现代粒子物理学中，科学家将基本粒子分成3大类，夸克、轻子与玻色子，以此为基础建造了一个"标准模型"。"标准模型"预言了62种基本粒子的存在，这些粒子基本都已被实验所证实，而希格斯玻色子是最后一种未被发现的基本粒子。由于它难以寻觅又极为重要，因此被称为"上帝粒子"。

欧洲大型强子对撞机的工作原理就是将高度活跃的质子以超快速度撞击到一起，由此产生巨大能量，重建"大爆炸"发生后的宇宙形态。

2008年9月，经过十几年的建造，欧洲核子研究组织大型强子对撞机正式启动。通过质子束流对撞，大型强子对撞机可望创造出类似宇宙大爆炸后万亿分之一秒时状态的条件，为科学家研究宇宙起源和寻找新粒子提供强有力的支持。自启动以来，这个"世界上最大的机器"多次创下质子束流能量新纪录，为发现"上帝粒子"的存在证据提供了可能。

欧洲大型强子对撞机因其巨大的威力，使得有人认为它会产生危险的粒子或者微型黑洞，从而毁灭整个地球。但是，粒子学家已经证实，碰撞不会对世界造成任何威胁，只会颠覆那些不正确的陈旧的物理理论。

中国科学家参与对撞实验

1999年以来，有60余名中国科学家参与了欧洲强子对撞机实验。4个主要实验均有中国科研单位和高校参与，分别为：中国科学院高能物理研究所（简称中科院高能所）、中国科技大学、山东大学、南京大学参与ATLAS实验；中国科学院高能物理研究所、北京大学参与CMS实验；华中师范大学参与ALICE实验；清华大学参与LHCb实验。

其中CMS和ATLAS两个实验的物理目标是寻找黑格斯、额外维度和占宇宙组成部分约96%的神秘的暗物质、暗能量。

中科院高能所和北京大学组成的CMS中国组成功地建造了三分之一的端部缪子探测器阴极条室和阻性板室，并参与拟定了CMS技术设计报告。中国科学院上海硅酸盐研究所向厘米S提供了核心探测材料——用于电磁量能器的5000余根自主研制的钨酸铅（PWO）闪烁晶体。中国科技大学参与了电磁量能器的研制。同时，CMS中国合作组在中科院高能物理所建立了CMS实验远程控制中心，与欧洲核子研究组织和美国费米实验室一起轮班承担CMS实验的一部分实时控制工作。

另外，ATLAS中国组包括中科院高能所、山东大学、中国科技大学和南京大学四个单位。对ATLAS实验的缪子探测器和电磁量能器的设计和建造作出了重要贡献。

我国的贡献使得来自中国的科研人员在LHC的合作研究中取得了平等的地位，中国科学家可以平等地享用对撞试验产生的100%的数据，开展自主的物理分析工作。

创造多项世界之最

欧洲大型强子对撞机不仅是世界上最大的粒子加速器，而且它在其他方面也创造了多项世界第一。

地球上最快的"轨道"： 目前人类即便用7年的时间也无法到达离我们最近的恒星系统半人马座 α 星（距离我们约4.3光年），但粒子却能做到，它的速度几乎与光一样快，对于这些粒子来说，时间就变慢了。事实上，在此粒子加速器中，科学家已经让粒子在环形隧道内以每秒11245圈的速度"狂飙"，约等于光速的99.99%，这相当于每小时走10亿千米。这就是质子绕环形隧道运转的最高速度。在一项长达10小时的实验中，粒子束的运行距离可能超过100亿千米，足以在地球与海王星之间做个往返。

最热与最冷的机器： 大型强子对撞机是个既极端热又极端冷的机器。当两束粒子流对撞的时候，碰撞点将产生极端高温，可以达到太阳中心温度的10万倍。而与之形成鲜明对比的是，由于采用了超流体氦冷却等手段，对撞机中粒子束运行的加速器在工作时的温度仅为零下271.3摄氏度，比遥远太空的某些空间还冷。

那么，为什么要将磁铁冷却到接近绝对零度这样的低温呢？那是因为在此低温下，此磁铁能在没有任何电阻下工作。为此，大型强子对撞机采用10800吨液氮来将这些磁铁冷却到零下193.2摄氏度，之后再用大约60吨液氦将它们冷却掉余下的温度，就是为了确保那些巨大的磁体能够精确掌舵粒子使其沿着精准方向运动。当然它不是一个环保的设备——为了保持它持续结霜，每天需要消耗价值10万美金的电费。也就是说，大型强子对撞机1年将消耗120兆瓦特电量，相当于日内瓦所有家庭的用电量。

太阳系中最"空旷"的地方： 为避免粒子束流与气体分子发生碰撞，粒子束流都在超高真空的"通道"内运行，这一内部空间如同星际空间一样"空旷"，气压仅为10^{-13}个标准大气压，比月球上的大气压还要小很多。

广东LNG项目

　　2006年6月28日，原国务院总理温家宝与澳大利亚总理霍华德共同按下启动按钮，中澳第一个天然气合作项目——总投资达291亿元的广东LNG项目（深圳大鹏LNG项目）第一期工程正式投产。这意味着广东将在全国率先进入天然气时代，有利于缓解油品供应压力，使能源结构更趋合理，对于广东经济的可持续发展意义重大。

LNG在中国

　　LNG是英语liquefied natural gas（液化天然气）的缩写。液化天然气是由碳氢化合物构成的混合物，主要成分为甲烷，占总体积的70%~95%（随产地而异），其余为乙烷、丙烷、丁烷和少量的氮、二氧化碳、硫化氢等。在常温、常压条件下，天然气呈气体状态。为了提高天然气的海上运输效率，将天然气在标准大气压下冷却到-162℃成为液态，体积缩小到约六百分之一。

　　中国的能源结构以煤炭为主，石油、天然气只占到很小的比例，远远低于世界平均水平。随着国家对能源需求的不断增长，引进LNG将优化中国的能源结构，有效解决能源供应安全、生态环境保护的双重问题，实现经济和社会的可持续发展。第十一个五年计划（简称"十一五"）期间，中国液化天然气进口量年均增速达到120%，2010年进口天然气（LNG和进口管道气）占到天然气消费总量的16%。各级政府对LNG产业的发展越来越重视，国内广东、福建、浙江、上海、江苏、山东等地纷纷投资兴建LNG项目，这些项目将最终构成一个沿海LNG接收站与输送管网。可以预见，在未来10~20年的时间内，LNG将成为中国天然气市场的主力军。

1995年底，国家计划委员会（简称国家计委；现名国家发展和改革委员会，简称国家发改委）下发《国家计委关于加强对进口天然气、液化天然气和液化石油气项目建议归口管理的通知》，明确"在国内外资源、市场调研的基础上，对液化天然气进口的资源选择、接收终端布局等提出规划方案"。1996年11月，《东南沿海地区利用液化天然气项目规划报告》完成。

2001年3月15日，《中华人民共和国国民经济和社会发展第十个五年计划纲要》制定了第十五个年计划（简称"十五"）乃至更长时间我国天然气工业发展的基本方针，即"实行油气并举，加快天然气勘探、开发和利用，统筹生产基地、输送管线和用气工程建设，引进国外天然气，提高天然气消费比重"。

2005年6月10日，国家发改委组织中国石油天然气集团公司（简称中石油）、中国石油化工集团公司（简称中石化）、中国海洋石油公司（简称中国海油），河北、辽宁、山东、广东、福建、浙江、江苏省和北京市、天津市、上海市、广西壮族自治区以及大连市等地方的发展改革委员会，及中国远洋运输（集团）公司（简称中远集团）、招商局集团有限公司（简称招商局集团）、中国海运（集团）总公司（简称中海集团）等相关单位在青岛召开了LNG规划工作会议（简称"青岛会议"）。青岛会议对我国LNG产业发展的项目布局、资源采购、造船招标、承运模式、统筹管理、协调对外等有关重大问题提出了规划目标和具体实施意见；确立了"十一五"期间，国内共安排广东（深圳、珠海）、福建、山东、上海、浙江、江苏、河北（含北京）、辽宁、天津、广西等11个LNG接收站点的规划目标。

自1999年以来，国家发改委先后批准了广东、福建、山东、上海、浙江、江苏、辽宁等LNG进口项目，其中广东LNG项目已于2006年5月26日试运行，2006年9月28日正式商业运营；福建LNG项目已于2009年5月投入正式商业运营；上海LNG项目于2009年6月投入正式商业运营。此外，河北、天津、珠海、汕头、海南、北海等LNG项目也在筹划当中。

通过对沿海各LNG规划项目的实施，我国将基本形成国内天然气资源与国外LNG资源相互补充的沿海天然气供应体系，实现LNG产业的资源供应多元化、造船运输自主化、区域布局合理化。

LNG运输不同于常规的海上运输，LNG贸易供应链有着"照付不议"（是天然气供应的国际惯例和规则）的履约责任，保障安全、稳定和可靠的供应要求以及LNG运输市场不完全竞争性等特点。这些都决定了贸易商将LNG海上运输作为其贸易供应链中的一个管道来看待，所以称LNG船舶为浮动的海上管道。

LNG贸易经过几十年的发展已基本形成了较为完善的贸易模式和运输方式。国际LNG贸易方式主要以DES（Delivered Ex Ship，目的港船边交货）或FOB（Free On Board，装运港船上交货）为主签署长期合同，两者的核心差别是对运输船舶的控制。在FOB贸易方式下，由买方负责运输，掌控运输船舶的控制权；而在DES贸易方式下，则由卖方负责提供运输服务。

我国是全球第二大能源消费国，能源安全是实现我国现代化的基本保障。我国政府高度重视能源安全问题，在各LNG进口项目的规划中明确要求采用由国内买方负责运输的FOB贸易方式，同时还要求各LNG项目以我国航运企业为主，进行LNG船舶投资和运输管理、国内船厂承担LNG船舶建造、国内船级社参与船级、船检技术服务。

中国首个液化天然气站线项目

作为我国的第一经济大省，广东的发展自然需要能源来支撑。但广东省却是一个能源资源小省，所需能源主要依靠省外调入和进口。要解决好能源发展存在的问题，就必须走多元化的能源发展道路。适度发展液化天然气是广东省能源多元化战略的重要内容之一。

从国际上看，世界天然气市场快速发展，世界LNG资源供应较充足，LNG运输市场发展成熟；从国内看，国家重视天然气的引进利用，有关政策正在制订之中；从省内看，广东省对使用LNG等清洁能源有较强的经济承受能力，天然气需求市场大。因此，对广东这样一个能源匮乏、具有沿海优势的省份而言，适度进口LNG是构建安全、经济、多元化能源供应体系可供选择的途径之一。

另外，广东能源发展的不合理还体现在能源开发利用与环境之间的突出矛盾。经历20多年经济的快速发展，广东经济取得的成就有目共睹，但部分地区经济发展超过环境承载能力。液化天然气是世界公认的绿色能源，具有安全、高效、经济和环保等特点。适度发展液化天然气正是构建全省安全、经济、清洁能源供应体系的重要举措，它与大力节约能源，降低能源消费强度；积极开发利用风能、太阳能、生物质能等清洁可再生能源；合理扩大利用"西电"规模；扩大炼油能力，建立石油储备；大力发展核电，优化发展煤电等，共同成为广东省构建更合理的能源结构、发展能源多元化战略的重要内容。

广东LNG项目是中国首个液化天然气站线项目，于1999年12月获国家批准立项，2003年12月28日正式开工建设。项目规划两期工程，一期工程年供气能力为370万吨，将覆盖深圳、东莞、广州、佛山、香港5座城市；二期规模初定为660万吨/年，将增加中山、江门、珠海、惠州等城市用气。

中外合资共建

广东LNG站线项目采取中外合资、中方控股的方式。合作各方及股份比例为：中海石油天然气及发电有限公司（33%）、BP全球投资有限公司（30%）、深圳市燃气集团有限公司（10%）、广东省粤电集团有限公司（6%）、广州市煤气公司（6%）、深圳市能源集团有限公司（4%）、香港电灯集团有限公司（3%）、香港中华煤气有限公司（3%）、东莞市燃料工业总公司（2.5%）和佛山市燃气总公司（2.5%）。站线项目合营公司将作为LNG的总购买方购买LNG，同时作为卖方向电厂和城市燃气用户销售管道天然气。

LNG接收站设于深圳大鹏湾东岸秤头角，一期工程设计规模370万吨/年，设两座16万立方米储罐；二期工程设计规模660万吨/年，增加1座储罐。接收站港址内建可停靠8万~16.5万立方米LNG运输船的专用泊位1个。

输气干线，一期工程包括支干线总长367多千米，主干线起自秤头角接收站出站端，经坪山、东莞、广州，到广州番禺；4条支干线为坪山至惠州电厂支干线、坪山至前湾电厂、美视电厂支干线、广州番禺至佛山支干线以及番禺南沙至珠江电厂的支干线；二期主干线起自广州番禺，经中山到珠海。

在运输项目中，广东LNG一期工程项目的LNG销售与购买合同为FOB方式，以中方为主组织LNG运输。运输项目由中远集团和招商局集团为主的6家中外股东组成。LNG运输船舶承造船厂为上海沪东船厂（与法国大西洋船厂和GTT公司合作）。

在燃气电厂项目中，一期工程燃气电厂项目有新建惠州、前湾、东部和珠江电厂，现有燃油电厂改燃气项目有美视电厂项目。

惠州电厂厂址位于惠州市大亚湾经济开发区内，一期规模为3×350MW（兆瓦），二期最终总规模为6×350MW。项目业主单位为中海石油天然气及发电有限公司（35%）、广东省粤电集团有限公司（33%）和广东电力发展股份有限公司（32%）。

前湾电厂位于深圳市南头半岛大铲湾的大铲岛，一期规模为3×350MW，二期最终总规模为6×350MW。项目主要业主单位为广东省粤电集团有限公司。

东部电厂位于深圳大鹏湾东岸秤头角，与接收站一墙之隔。电厂一期规模为3×350MW，最终总规模为8×350MW。项目主要业主单位为深圳市能源集团有限公司。

珠江燃气电厂位于广州市番禺南沙开发区内。一期工程规模为2×350MW，规划最终总规模为4×350MW。项目业主为广州发展实业控股集团股份有限公司（70%）和广东省粤电集团有限公司（30%）。

位于深圳市的美视电厂有A厂和B厂，总装机容量350MW。该B厂原设计为燃气机组，由于无气源，建成后燃油。为改善环境，提高电厂效益，计划改烧天然气。

关于香港用气项目，计划扩建南丫岛电厂，分期建设总规模6×300MW燃气机组，拟自建一条长度92千米海底输气管线，将天然气从深圳秤头角LNG接收站引至南丫岛新电厂。第一台机组得到香港政府的批准，于2005年中投产，先使用柴油过渡。香港中华煤气有限公司为香港唯一城市燃气管道公司，拟建设长为34千米的海底管线，从秤头角接收站引入天然气至香港大埔作为香港城市燃气的长期气源。计划先将大埔制气厂的部分原料由石脑油转换为天然气，同时将输配管网从人工煤气逐步置换为天然气。

按照计划，广东LNG项目从澳大利亚西北大陆架天然气项目进口LNG，按照国际通行的25年"照付不议"惯例签订合同，项目投产后25年间，每年将稳定供应广东370万吨LNG，供应广东电厂发电、城市民用、工业、商业用气。该项目将被建成一个成功的世界级液化天然气项目，为中国其他类似项目开辟道路，并为中国经济的持续发展提供清洁高效的能源。

国际水稻研究所

　　国际水稻研究所成立于1960年，是一个自主的、非营利性的、国际性的水稻研究机构，是国际农业研究磋商组织下属的15个农业研究中心之一。总部设在菲律宾。国际水稻研究所一直在世界水稻的科研与生产上起着重要作用，分别在11个国家设有办事处或分支机构，其目的是创造和传播水稻方面的新知识、新理论及其应用技术，帮助成员国建立和健全水稻研究系统。

国际水稻研究所概况

　　在科研架构的设计方面，国际水稻研究所的科研最底层是以学科为主建立的"系"，系主任负责本系内部的科学水平评估；上一层是以解决问题为主建立的"项目"，执行项目的目标是获得产品和最终结果；科研架构的最上层则是一些"协作网"，如遗传材料评价网（INGER）等。

　　从研究内容方面区分，国际水稻研究所的科研工作主要分为以下四部分。

一、搜集、保存、管理品种资源

　　国际水稻研究所拥有11万份品种资源，包括全世界主要的野生稻种和主要农家品种。世界银行每年向国际农业研究磋商组织（CGIAR）提供经费，资助品种资源项目。品种资源项目主要开展两方面工作。（一）升级种质库，实现信息管理数字化；对来不及登记的材料进行清理。（二）从分子水平上，开展等位基因的发掘，利用定向诱导基因组局部突变检测自然群体技术和DNA-tab标记技术，围绕水稻的主要生理性状，对8个水稻品种重复进行全基因组测序，在几千份材料上做单核苷酸多态性研究，在单核苷酸的基础上对比这些水稻品种。这项研究目前已经投入100万美元，争取要做到20个水稻品种。国际水稻研究所为此成立了国际水稻功能基因协作组，国内的华大基因也参加了水稻基因测序的工作。通过测序工作可以掌握基因的"拼写方式"，还需要进一步做工作，以了解这些基因的"定义"，而掌握了基因的"定义"就可以设计理想的水稻品种。国际水稻研究所预计在10年之内将编写出水稻基因的"字典"。这方面的工作反映了国际水稻研究所的科学研究具有前瞻性和战略性。

二、整体提升遗传资源手段

遗传改良工作需要有育种家和生理学家共同参与，从遗传型到表现型的桥梁要由生物信息学来连接。生物信息学作为一门由数学、统计、计算机与生物学交叉结合的新兴学科，已经成为现代农业科学发展不可缺少的重要工具。随着水稻基因组计划的快速发展，生物信息学技术在功能基因的发现与识别、基因与蛋白质的表达与功能研究方面都发挥着关键的作用。

国际水稻研究所首先加强了数据信息规范化管理。从2007年开始，育种家到田间工作必须携带具有高对比度LCD屏幕的掌上电脑，回到实验室以后，可以直接插入电脑，传输进共享数据库。从田间采样开始，国际水稻研究所的育种研究、生理学研究、遗传种质中心研究和功能基因组学研究都使用同一个数据库，全部数据都是兼容的。这极大提高了遗传改良工作的效率。

另外，国际水稻研究所建成了生物信息学中心，先后投入数十万美元购置高性能台式计算机和集群计算机，使数据处理能力大大加强。还建立了国际水稻信息系统，作为国际作物信息系统的一部分内容，未来要实现与国际玉米、小麦改良中心等相关农业研究机构的联网。国际水稻研究所通过田间采样数据、基因测序芯片试验室、基因转化实验室、品质实验室等，来连接从基因型到表现型之间的环节，在数据的涵盖面与质量上都发生了质的飞跃，使国际水稻研究所的遗传改良研究上了一个新的平台。

三、水稻品质研究

目前，国内的水稻品质研究重点是品质监测，即进行米质分析与质量检测，重点针对的是已育成的品种或将育成的品种。国际水稻研究所采用新的手段，重视水稻米质形成的前期过程。国际水稻研究所从澳大利亚新南澳洲聘请一位谷物化学家，改进原有的米质实验室，淘汰旧设备，建立了新的品质研究中心，提高了米质分析效率。以前，测一个垩白度指标需要用一个星期左右，现在不到一小时就能完成，而且可以一次进样十多个，达到了高通量、高精度的品质研究水平。在此基础上，国际水稻研究所还开展了环境与品质的互作研究，磨米、干燥、储藏等产后加工研究，并且在中国水稻研究所建立了一个稻米品质研究分中心。

四、转基因研究

很长时间以来，国际水稻研究所在转基因方面一直是从科学角度进行研究，着重研究基因的表达。具体科研流程是：取得基因、转入水稻、观察生长状况、发表文章。研究目的只是为了科学探索。目前国际水稻研究所正在探索转基因的标准化，提高转基因成功率，加强生物安全的管理。国际水稻研究所在转基因方面的发展目标，一方面是与功能基因组学相配合，通过转化来验证突变体或已知基因的功能；另一方面是与其他国家相配合，开展公益性的转基因产品应用研究。国际水稻研究所聘请了法国Cropdesign公司玉米基因转化线的专家，并把这个公司的转化模式引入国际水稻研究所，从而提高了基因转化效率70倍，建立了高通量、高精度的水稻基因转化生产线。

国际水稻研究所寻求与中国合作

作为一个人口众多的农业大国，我国水稻技术由于这先天的原因一直走在世界的前列。1964年，"杂交水稻之父"袁隆平院士在我国率先开展杂交水稻研究。1976年，杂交水稻在我国开始大面积推广应用，从而使中国成为世界上第一个成功利用水稻杂交优势的国家。由于单产比常规水稻大幅度增加，所以杂交水稻从此被称为"东方魔稻"。中国在杂交水稻上取得的辉煌成就成了中国与国家水稻研究所合作的良好基础。

早在1976年，国际水稻研究所所长布莱迪博士率领代表团访华，掀开了与中国，甚至世界水稻研究合作的序幕。1982年，国际水稻研究所与中国农业科学院签署了正式合作研究及培训计划。随后，国际水稻研究所与中国农业部签署了合作备忘录，并与许多中国研究机构签订了合作研究协议。此后，国际水稻研究所在推动中国水稻科学研究和人才培养等领域开展了卓有成效的工作，建立了引进全球水稻品种资源的渠道，提供大量的优质水稻品种和基因资源，促进了我国水稻新品种的培育与利用。通过人力资源培训及联合研究载体的建设，还促进了我国水稻科学研究能力建设，培养了一大批优秀的科技人才。

1986年10月，第一届国际杂交水稻学术会议在中国湖南省长沙市举行，从而确立了中国在世界杂交水稻研究领域的领先地位。20世纪80年代，国际水稻研究所对中国水稻研究所的筹备和建立发挥了重要的作用。1984年至2001年期间，中国政府向国际水稻研究所提供了158万美元的资助。为进一步沟通和加强中国与国际水稻研究所科学家的研究合作，国际水稻研究所中国办事处于1997年11月在北京成立。

中国和国际水稻研究所的合作研究项目由每两年一次在中国或国际水稻研究所召开的工作计划会议来评价制定。双方的主要合作领域涉及种质资源交换和保存、国际水稻遗传评价协作网、品种改良、杂交水稻、病害虫综合防治、生物技术等。

由于与中国合作研究的杰出贡献，国际水稻研究所的科学家多次获得中国政府的嘉奖，比如中国农业部的"国际农业合作奖"、中国外国专家局"友谊奖"以及中国国务院"国际科学技术合作奖"。

全球粮食与饥饿问题

近年来，全球饥饿与粮食安全问题始终是国际社会关注的热点。尽管国际社会多次承诺尽早消除饥饿和贫困现象，并就全面消除饥饿目标达成了共识，但目前全球饥饿人口仍达10.2亿人，其中全球有29个贫困国家面临着严重的饥荒，这种情况反映出对脆弱的世界粮食系统进行改革的紧要性。

解决饥饿问题和保障粮食供给是人类生存和发展最基本的要素，是当前世界关注的全球性问题，关系到国家的稳定与世界的和平。粮食安全是国家经济发展和社会安定的重要条件之一，也是国家非传统安全的重要部分。粮食安全的基本内涵是解决饥饿问题，保障所有人都能够得到最起码的食物。但长期以来，许多国家对粮食问题存在着模糊的认识，把粮食作为特殊商品，没有把粮食问题提高到国家安全的战略角度考虑。

20世纪70年代以来，全球出现的粮食危机始终未能缓解，粮食安全形势十分严峻，世界库存量仅占消费量的15%，人口增长带来的饥饿与粮食短缺等一系列问题已经成为人类发展中最受关注和亟待解决的重大问题，由此，粮食安全问题浮出水面。按照联合国粮农组织当时的解释，粮食安全的基本概念是指反映主要品种粮食的产销、供求、粮食收成状况等平衡关系变化的综合体现，不仅要保障每个居民能够摄取足够营养的食品，而且粮食储备要充足，具备应对突发事件的能力。由此，粮食安全成为一个世界性话题，对广大发展中国家来讲，更是一个普遍性难题，关系社会稳定、经济安全乃至国家的安全战略。

在全球范围普遍存在的饥饿和粮食问题，是影响全球的经济问题，也是20世纪70年代以来世界各国开始关注的问题。但是，受各种因素的影响和制约，至今这些问题不仅依然存在，而且趋于严重。

目前，饥饿人数下降十分缓慢。如果发达国家不能给予足够的重视和进一步增加对贫穷国家的援助资金，停留在目前的水平，那么随着饥饿人口的剧增，单凭经济和人道主义援助，是不能从根本上解决贫穷国家的饥饿问题。而最终解决贫穷带来的饥饿问题，需要改变长期存在的不公正、不平等的国际机制，使贫穷国家有一个良好的国际经济环境，通过发展摆脱贫困、消除饥饿。实现联合国锁定的2015年年底前将全球饥饿人口减半的"千年发展目标"，这将是世界各国的共同责任和全人类的目标。

　　饥饿是困扰人类社会的严重问题，而消除饥饿的重点还是离不开粮食安全。在人口众多的亚洲地区，突出的饥饿和粮食问题不能不使亚洲各国高度重视。近年来，许多亚洲国家提出了"主粮自给"的政策目标：动员和组织群众进行基础设施建设（主要是兴修水利和改良土壤），增加了农业的资金投入；推行"绿色革命"，粮食生产率显著提高，逐步实现了"主粮自给"，保障了国内粮食供应；并建立起了粮食储备制度，饥饿和粮食问题得到缓解。尤其是中国，改革开放以来，对过去粮食问题的认识进行了深刻的反思，进行了粮食流通体制的改革，并逐步开展优质粮食作物的推广和农作物结构调整工作，这些做法既符合中国小康社会对粮食的需求，也使粮食安全得到了保障。

　　虽然目前有关国际机构就贫困国家的饥饿问题采取了一系列措施，缓解了贫困国家的饥荒危机，但还应增加官方资金援助，避免最为贫困国家的饥饿状况进一步恶化。同时，应积极采取切实可行的具体措施，调整不发达国家与发达国家的关系，不仅需要兑现所承诺的援助资金，还需要进一步加大对贫困国家经济援助的力度，缓解贫困国家因贫困带来的饥荒危机，从而真正地解决贫困国家的饥饿问题。对于世界各国来说，帮助贫困国家减少饥饿，不仅仅是经济问题，更是政治问题，是保持世界安宁与稳定的重要内容。

解决世界粮食安全问题——杂交水稻走出去

　　在如何消除饥饿这个问题上，专家们一致认为：大力发展杂交水稻是解决未来世界粮食安全问题的有效途径。

　　目前，世界上4/5的水稻是发展中国家的小农生产出来的，差不多有10亿个家庭以水稻为生并维持就业。对于一些发展中国家，生产出足够的稻米对于维持足够的粮食来说十分重要，如果水稻减产，可能导致饥饿、死亡和社会不稳定等问题。而2030年全世界人口预计达到82.7亿，对稻米需求在7.71亿吨以上，要满足这些需求量，至少还要增加2.02亿吨稻谷。

近年来，世界上一些国家水稻产量在达到一个高峰后出现下降趋势，例如中国1997年后开始减少，印度2001年后水稻产量开始下降。在一些国家，由于受到乡村城市化的影响，粮食种植面积不断减少，此外还受水资源等因素的制约，因此只能通过提高单产来提高粮食生产的总量。在这方面中国的杂交水稻已经取得了巨大成就，不过还有很多的潜力。

早在20世纪60年代，"杂交水稻之父"、中国工程院院士袁隆平就在怀化市的"安江农校"开创杂交水稻研究。实践证明，杂交能大幅度提高水稻单产。杂交水稻从1976年大面积推广以来，国内累计种植45亿亩，帮助农民增收稻谷4亿吨。中国的杂交水稻技术还辐射到世界40多个国家和地区，为世界粮食生产作出重大贡献。越南、印度、菲律宾等国引种杂交水稻后，产量也大幅增加。2003年，越南种植60万公顷杂交稻，每公顷单产比常规稻高出40%以上；在中国和一些国际组织帮助下，菲律宾在2003年种植3000公顷杂交稻，每公顷单产高达8.5吨，比当地水稻平均单产高出近一倍。

在"2012年发展中国家粮食安全与种业发展高峰论坛"上，袁隆平院士发表了"超级杂交水稻研究成果对粮食安全贡献"的主题演讲，向来宾介绍了我国超级杂交水稻研究的进展及成果。袁隆平院士表示，目前全球仍然有30多个国家存在粮食危机，他希望杂交水稻的科研成果和技术能得到大力推广，造福世界人民。杂交水稻对维护21世纪世界粮食安全起着至关重要的作用，而要充分发挥这种作用，中国的种业企业必须大步"走出去"。

北京奥运会

2008年北京奥运会，即第二十九届夏季奥林匹克运动会，又称北京奥运会，于2008年8月8日在中华人民共和国首都北京开幕，2008年8月24日闭幕。本届北京奥运会共打破43项世界纪录及132项奥运纪录，共有87个国家在赛事中取得奖牌。中国以51面金牌居奖牌榜首名，是奥运历史上首个亚洲国家登上金牌榜首。此届奥运会是中国首次举办夏季奥运会，亦是继1964年东京奥运会和1988年汉城奥运会后，夏季奥运会第3次在亚洲国家举行。

奥运会的诞生与发展

公元前776年至公元前388年，伯罗奔尼撒的统治者伊菲图斯（古代奥运会的创始人）努力使宗教与体育竞技合为一体。他不仅革新宗教仪式，还组织大规模的体育竞技活动，并决定每4年举行一次，时间定在闰年的夏至之后。从此，公元前776年的古代奥林匹克运动会就正式载入史册，成为古代第一届奥运会。

参加第一届古代奥运会的国家仅有3个——伯罗奔尼撒、伊斯利、斯巴达。当时仅有一个比赛项目，即距离为192.27米的场地跑。这一时期，各城邦之间虽有纷争，但希腊仍是一个独立的国家，政治、经济、文化都较发达，是运动会的黄金时期。特别是公元前490年，希腊雅典在马拉松河谷大败波斯军之后，民情奋发，国威大振，兴建了许多运动设施、庙宇等。参赛者来自希腊各个城邦，奥运会盛极一时，成为希腊最盛大的节日之一。

公元前146年至公元394年，罗马帝国统治希腊后，起初虽仍举行运动会，但奥林匹亚已不是唯一竞赛地了。这时职业运动员已开始大量出现，奥运会成了职业选手的比赛，希腊人对此失去了兴趣。公元2世纪后，基督教统治了包括希腊在内的整个欧洲，倡导禁欲主义，主张灵肉分开，反对体育运动，使欧洲处于一个黑暗时代，奥运会也随之更趋衰落，直至名存实亡。

直至1889年7月，在法国巴黎召开的国际田径代表大会上，后来被人尊称为"奥林匹克之父"的法国教育家皮埃尔·德·顾拜旦（Pierrede Coubertin）首次公开了他恢复奥运会的设想。1891年1月，顾拜旦以法国田径协会联合会秘书长的身份，向全世界几乎每个体育组织和俱乐部发出邀请——参加于1894年6月16日在法国巴黎索邦神学院召开的国际体育运动代表大会。此次大会为第一届奥林匹克代表大会。大会决定在1896年召开首届现代奥林匹克运动会（简称奥运会），希腊的历史名城雅典获得主办权。

1894年6月16日，巴黎国际会议上通过了第一部由顾拜旦倡议和制定的《奥林匹克宪章》。它涉及奥林匹克运动的基本宗旨、原则及其他有关事宜。1921年，在瑞士洛桑奥林匹克会议中，制定了奥林匹克法，包括奥林匹克运动会宪章、国际奥林匹克委员会（简称国际奥委会）章程、奥林匹克运动会竞赛规则及议定书、奥林匹克运动会举行通则、奥林匹克议会规则等5部分。数十年来，奥林匹克法曾多次修改、补充，但由顾拜旦制定的基本原则和精神一直没有改变。

1922年，中国外交家王正廷成为国际奥委会的第一位中国委员，从此，中国与国际奥委会建立了直接联系。1928年，中国派观察员观摩了阿姆斯特丹奥运会。1932年，当时的中国政府派出代表团参加了洛杉矶奥运会，代表团中只有刘长春一人。由于路途劳顿，体力不支，且第二天便仓促上阵，他在100米和200米预赛中就被淘汰，还不得不放弃了400米比赛。这次参赛虽然成绩不佳，但刘长春是第一个出现在奥运赛场的中国运动员，他是中国奥运第一人。

由于政治原因，直至1979年，中国在奥林匹克组织中的合法地位才得以恢复。1980年，中国派团去美国普莱西德湖参加了第13届冬奥会。1984年，中国派出225名运动员参加了洛杉矶奥运会16个项目的比赛。1984年7月29日，在洛杉矶奥运会男子手枪慢射比赛中，中国选手许海峰获得冠军。这是中国在奥运史上获得的第一枚金牌。2002年2月，在美国盐湖城冬奥会短道速滑女子500米决赛中，中国选手大杨扬获得冠军，实现了中国冬奥会金牌零的突破。

中国首次举办奥运会

改革开放30多年来，中国在社会、经济、文化等各个领域取得了令人瞩目的巨大成就。北京市的经济和城市建设发展很快，尤其是近几年，北京市的环境状况有了很大改善，并且正在为尽早实现空气清新、环境优美、生态良好的目标而努力。这些都为北京成功申办奥运会奠定了十分坚实的基础。

1999年9月6日，中国奥运会申办委员会（简称奥申委）在中国的北京成立。2000年6月20日，北京奥申委秘书长王伟在瑞士洛桑向国际奥委会正式递交申请报告。报告回答了国际奥委会向申请城市提出的22个问题，陈述了关于北京筹办2008年奥运会的计划和构想。这是北京市向国际奥委会递交的申办2008年奥运会的第一份正式答卷。

2001年1月17日上午，北京奥申委代表团将申办报告交到国际奥委会总部。两天后，国际奥委会通知北京奥申委，北京的申办报告完全符合要求，可以将剩余的报告寄给120多名国际奥委会委员等人士和28个国际单项体育组织。从1月21日开始，北京奥申委向世界各地寄出182份北京2008年奥运会申办报告。

由荷兰人海因·维尔布鲁根和瑞士人吉尔贝·费利领衔的国际奥委会评估团17名成员，从2001年2月19日至2月24日对北京申奥工作进行考察。评估团在新闻发布会上评价说："北京申办奥运会得到了中国政府和北京市民强有力的支持。时任中国国家主席江泽民在会见评估团时强调了中国政府对北京申办奥运会的支持和承诺。北京奥申委提供了一份调查结果，有94.9%

的市民支持北京申办奥运会。我们在北京的考察，也证实了这个数据是准确的、真实的。北京还提出了一个非常好的比赛规划以及场馆建设方案，这将给奥林匹克运动的发展和北京人民的生活留下一笔宝贵的财富。"

2001年7月13日，在莫斯科举行的国际奥委会第112次全会上，国际奥委会投票选定北京获得2008年奥运会主办权，这也是奥运会继日本东京（1964年）、韩国汉城（今首尔）（1988年）之后第三次花落亚洲。

第二十九届夏季奥林匹克运动会于2008年8月8日至8月24日在中国北京举行，奥运口号"同一个世界，同一个梦想（One World，One Dream）"，集中体现了奥林匹克精神实质和普遍价值观——团结、友谊、进步、和谐、参与和梦想。这个口号表达了全世界在奥林匹克精神的感召下，追求人类美好未来的共同愿望。

在本届奥运会上，中国代表团以51枚金牌、21枚银牌、28枚铜牌，奖牌总数100枚的成绩首次获得奖牌榜首位，同时这也是历届奥运会取得的最好的成绩。

北京奥运会又因良好的赛事组织、较高的竞技水平和史上最少的兴奋剂被国际奥委会主席罗格誉为"无与伦比"的奥运会。随后举行的残疾人奥林匹克运动会（简称残奥会）也被誉为"史上最伟大的残奥会"，实现了"两个奥运同样精彩"的诺言，真正诠释了奥林匹克精神。

在筹备北京奥运会期间，中国政府共新建和改扩建比赛场馆36个、独立训练馆和国家队训练基地66个，项目总投资194.9亿元；奥运工程建设中落实"绿色奥运、科技奥运、人文奥运"三大理念；在奥运工程方案设计、设备材料（包括体育器材）采购等方面，有相当一部分外国企业参与其中；奥运工程建设决战的高峰时期有近5万农民工参与工程建设。可以说奥运比赛场馆建设在经济发展、城市环境改善、农民工就业等方面都发挥了重要作用。场馆建设一直受到海内外媒体及民众的关注。奥运会结束后，奥运场馆成为国际社会了解北京、认识中国的新窗口，奥林匹克中心区成为北京市新地标和旅游热点，接待了大量国内外游客。其中，国家体育场、国家游泳中心等场馆已承办多项大型活动，取得良好社会效益和经济效益。

在一个拥有13亿人口的国家举办奥运会，在一个拥有全世界五分之一人口的国家举办奥运会，是百年奥运史上的第一次。对于中国来说，奥运百年历史，与中国自身的历史轨迹有着紧密相关的象征意义。中国人对于北京奥运会的特殊情感，造就了奥运会历史上的又一个历史巅峰。

美轮美奂的开幕式

2008年8月8日晚上8点，第29届奥运会开幕式在国家体育场"鸟巢"盛大举行，开幕式上宏大的中国文化的展示给全世界留下深刻的印象。整个开幕式持续约4小时，到24时左右结束。夜幕下，"鸟巢"造型的国家体育场华灯灿烂，流光溢彩。可容纳9万多人的体育场内座无虚席，群情激动。

北京奥运会开幕式主要流程分为三大部分：

第一部分是文艺表演前仪式，包括欢迎仪式、展示奥运五环、中国国旗入场、升中华人民共和国国旗、奏中华人民共和国国歌等。这一部分约14分钟。

20时，2008名演员击缶而歌，吟诵着"有朋自远方来，不亦乐乎"，表达对世界各地奥运健儿和嘉宾的欢迎。奥林匹克神奇的火光，穿越历史时空，在古老的东方大地上，迸发出巨大的能量，古老和现代、西方和东方紧紧联系在一起。在时光的流转中，一个全世界瞩目的伟大时刻正在到来。国家体育场焰火燃放阵地：顶部燃放点287个，红闪燃放点1462个，中心区阵地27个。顶部11456发，中心区8428发。焰火在高空绽放，整个体育场如盛开的花朵。五彩的焰火沿北京南北中轴线次第绽放，呈现出象征第二十九届奥运会的29个巨大脚印。由焰火组成的脚印穿过天安门广场，一路向北，朝主会场走来。巨大的脚印化作漫天繁星飘落，聚拢成闪闪发光的梦幻五环。

接着，8名持旗手水平持旗，隆重展示国旗。7岁女孩杨沛宜唱响《歌唱祖国》，在熟悉悠扬的歌声中，56个身着民族服装的儿童簇拥着国旗走来，代表了中国56个民族和为一家。升中华人民共和国国旗，唱中华人民共和国国歌。

第二部分为文艺表演部分，文艺表演的名字叫《美丽的奥林匹克》，分为上、下两篇。上篇名为《灿烂文明》，下篇名为《辉煌时代》。文艺表演部分约一个小时。

当场地上巨大的卷轴慢慢拉开时，全场人为之震撼。这幅147米长，27米宽的巨大LED屏幕，是展现中国五千年历史的长卷，开幕式的演出从此开始。"太古遗音"、四大发明、汉字和戏曲，中国灿烂的文化神奇地展示。在悠扬的乐曲中，长卷上浮现出2000多年前丝绸之路的商队和地图；上千名水手手持黄色巨桨组成巨大船队，再现郑和下西洋的盛况。音乐声中，巨桨翻飞，海天一色；惊涛骇浪中，两条船队如巨龙般飞舞，全场观众欢声如潮。

在表现内容上，开幕式重点展示了中华民族的悠久历史、灿烂文化、当代中国改革开放的建设成就和当代中国人民的精神风貌。在艺术风格上，开幕式坚持"用世界语言讲述中国故事"，充分体现民族特色、时代特征，以中国特有的"绘画长卷"为线索，以中国美学的写意精神展现东方文明的底蕴，用绚烂的色彩展示当代中国的勃勃生机，用富有创造性的当代艺术表现形式，赋予开幕式以现代性和国际性的风貌。

第三部分是文艺表演后仪式部分，包括运动员入场式、第29届奥林匹克运动会组织委员会（简称北京奥组委）主席致辞、国际奥委会主席致辞、中国国家主席宣布奥运会开幕、奥林匹克会旗入场、奏奥运会会歌、升奥林匹克会旗、运动员代表宣誓、裁判员代表宣誓、放飞和平鸽、场内火炬传递、最终的点火仪式，以及到最后的欢庆焰火。这部分将近两个半小时。

21时10分19秒，运动员入场式开始。反映世界五大洲风格的乐队轮番奏响不同大陆的经典乐曲。来自奥林匹克运动发源地的希腊代表团首先入场，其他国家和地区代表团按简化汉字笔画顺序先后进场。共有204个国家和地区的代表团参加本届奥运会。

北京奥组委主席刘淇在开幕式上致辞。国际奥委会主席罗格在开幕式上致辞。23时36分，一个万众期盼的时刻到来了。国家主席胡锦涛用洪亮的声音宣布：北京第二十九届奥林匹克运动会开幕！顿时，璀璨的焰火绽放夜空，激昂的旋律响彻全场，彩旗挥动，欢呼声经久不息。23时54分，取自奥林匹克的奥运圣火抵达国家体育场，激动人心的奥运圣火点燃仪式开始。在点火仪式上，著名体操运动员李宁飞天点火，震撼全球。

上海世界博览会

世界博览会是人类文明的驿站。从1851年伦敦的"万国工业博览会"至今，世博会正日益成为全球经济、科技和文化领域的盛会，成为各国人民总结历史经验、交流聪明才智、体现合作精神、展望未来发展的重要舞台。具有悠久东方文明历史的中国，是一个热爱国际交往、崇尚世界和平的国度。2010年中国上海世博会的举办，是世界博览会首次在发展中国家举行，这体现了国际社会对中国改革开放道路的支持和信任，也体现了世界人民对中国未来发展的瞩目和期盼。

人类文明成果展览会

世界博览会（Word Exposition），又称国际博览会或万国博览会，简称世博会、世博、万博，是一项由主办国政府委托有关部门举办的有较大影响和悠久历史的国际性博览活动。参展者向世界各国展示当代的文化、科技和产业上正面影响各种生活范畴的成果。

世博会的起源是中世纪欧洲商人定期的市集，市集起初只涉及经济贸易。到19世纪，商界在欧洲地位提升，市集的规模渐渐扩大，商品交易的种类和参与的人员愈来愈多，影响也愈来愈大，从经济到生活艺术到生活理想哲学……到19世纪20年代，这种大型市集便成为博览会。

世界上第一届万国工业博览会，是1851年在英国举行的伦敦世博会，展期是1851年5月1日至10月11日，主要内容是世界文化与工业科技。这次展会展出了约10万件展品，其中蒸汽机、农业机械、织布机等推动工业革命的机械引人瞩目。在这一届世博会上，广东商人许荣村将自己经营的"荣记湖丝"装成12捆，托运往英国，最终质压群芳，脱颖而出，独得金、银大奖。而中国政府第一次自派代表，以国家身份参加的世界博览会是1876年的费城世界博览会。

初时的世博会多以大众化的综合博览为主题，例如庆祝某个国家成立百周年、法国大革命100年纪念等。到了近代，随着科技的进步，举办世界博览会亦趋向专业博览模式，去探讨新科技和生活的关系。自1851年英国伦敦举办第一届展览会以来，世博会因其发展迅速而享有"经济、科技、文化领域内的奥林匹克盛会"的美誉，并已先后举办过40届。

世博会的举办对主办国和全球其他国家都有着重大意义。首先，举办世博会，将有力地扩大国内投资和消费需求，拉动相关产业如旅游业、文化产业、餐饮业、通信及交通业的发展，从而有效拉动国民经济的增长；其次，举办世博会有利于推动主办国的自主创新和产业结构的优化升级，实现城市和谐和可持续发展的理念也将促进经济发展方式的转变，提高可持续发展能力；最后，有利于世界各国更加详细全面地了解各国文化，为世界文化交流提供了很好的契机。

2010上海世博会

中国2010年上海世界博览会（Expo2010），是第41届世界博览会。于2010年5月1日至10月31日期间，在中国上海市举行。此次世博会是由中国举办的首届世界博览会，总投资达450亿人民币，超过7000万人参观，创造了世界博览会史上最大规模的记录。规模超过了2008年在北京举办的第29届奥运会。

1993年，国际展览局接纳中国为第46个成员国。1999年12月8日，中国政府代表在国际展览局代表大会上正式宣布，中国政府支持上海作为申办城市，申办2010年世博会。第二年3月17日，中国政府成立了2010年上海世博会申办委员会，并正式向国际展览局递交了申办申请书。2002年12月3日，国际展览局就2010年世界博览会举办地进行最后的陈述和投票。最终投票结果，上海以54票对34票击败韩国丽水，获得2010年世界博览会主办权。

中国2010年上海世界博览会会场，位于南浦大桥和卢浦大桥区域，并沿着上海城区黄浦江两岸进行布局。世博园区规划用地范围为5.28平方千米，包括浦东部分3.93平方千米，浦西部分1.35平方千米，围栏区范围约为3.22平方千米。

世博园区拥有一轴4馆和11个联合馆、42个租赁馆、42个国家自建馆等。一轴4馆指的是世博轴、中国国家馆、世博会主题馆、世博中心和世博会演艺中心等5个标志性的永久建筑。世博轴和中国国家馆位于浦东世博园区中心地带，作为大型商业、交通综合体，是世博园区最大的单体项目，也是世博园区空间景观和人流交通的主轴线。

世界博览会主题馆位于世博园区B片区世博轴西侧，紧邻轨道交通8号线浦东周家渡站，占地面积约11.5公顷，总建筑面积约12.9万平方米，其中地上8万平方米，地下4.9万平方米。其造型将围绕"里弄""老虎窗"的构思，运用"折纸"的手法，形成二维平面到三维空间的立体建构。建成后的主题馆，是一座绿色、节能、环保的展览场馆。

主题馆共拥有五大主要功能空间，它们是"西侧展厅""东侧一层展厅""东侧二层展厅""地下展厅"和中部多功能厅。主题馆还拥有贵宾厅、中小会议区、办公用房和公共餐厅等多个辅助功能空间。世博会期间，主题馆将在东展厅即1号展厅展示"城市·人"的主题，东展厅内还设置两个小的残疾人馆和公众参与馆。主题馆在世博会期间日均参观人数在12.5万人次左右，同时在馆人数不超过1.8万人。馆内设置了前厅，方便参观者高温天或雨天排队等候，还在中厅、地下室和下沉式广场等处设置了相应的辅助和便利设施，如母婴休息室、办公场地、会议室和VIP接待等空间，体现以人为本的原则。

世界博览会世博中心位于卢浦大桥东侧世博园区B片区滨江绿地内。总建筑面积约14万平方米，世博会后将转型成为国际一流的会议中心。

世界博览会文化中心位于世博会园区浦东B片区，在世博轴以东。总建筑面积8万平方米，世博会后会成为上海国际文化交流中心。

为了筹办2010年上海世界博览会，上海市政府新建、改建了一系列市政工程，囊括了医疗、公共交通、饮水、电力、通信、生态环境等诸多方面。

此外，这次上海世博会还创新性地举办了一个网上世博会。网上世博会是中国2010年上海世博会的重要组成部分，于2010年5月1日正式上线，是世博会的导引、补充与延伸。它是服务于2010年上海世博会的集推介、导引、展示、教育四大功能于一体的综合性、国际性的网上平台。世界博览会至今已有150多年历史，一直是以实体场馆的方式进行展览展示。上海世博会推出"网上世博会"项目，通过互联网新媒体与多种技术结合，把世博会最精彩的一面展现出来，以生动形象的方式推进世博会，吸引了更多的国内外游客前来参观。

"城市，让生活更美好"

上海世博会以"城市，让生活更美好"（Better City，Better Life）为主题，这是首次以"城市"为主题的世博会。

早在2300年前，古希腊先贤亚里士多德就已经指出："人们来到城市是为了生活，人们居住在城市是为了生活得更好。"作为人类聚居的最高级形式，城市就是人们为了获得更美好的生活而聚居的地方，它是人类进入文明时代的标志。城市的本质就是以人为本，为了让人们生活得更加舒适、更加便利、更加幸福。

城市化是过去200年来人类生活变迁史的主线，到21世纪初，世界上已经有超过一半的人口生活在城市中。在最近30年里，中国的庞大身躯也加入了这场城市化的洪流，并成为全球城市化速度最快的国家。

然而，随着工业化时代的到来，高耸入云的烟囱和轰隆的机器声在促进城市工业水平提高、推动城市化进程的同时，也给城市环境带来了严重的破坏。城市一方面成了经济财富积聚的中心，另一方面也成了改变自然生态格局、大量消耗资源能源、温室效应突出等问题最为严重的地方。交通拥堵、环境污染、贫民窟、人口拥挤、失业严重、资源短缺等"城市病"接踵而来。

由此我们可以看到，城市的发展逐渐偏离了以人为本的轨道。患上多种病症的城市，肌体不再健康，也让人们的生活幸福指数逐渐降低。

据联合国提供的数据显示，地球上的城市仅占陆地面积的2%，城市人口约占世界总人口的50%，却创造了全球财富的80%，同时排放了全球80%的污染物。

以环境问题为例，最早步入工业文明的世界发达国家的许多城市，在城市化过程中，就曾经由于过多地强调经济增长，而忽视了环境保护，导致在20世纪五六十年代患上了"城市病"。以英国伦敦烟雾事件和东京光化学烟雾事件为代表的环境公害事件迄今依然让人记忆犹新。

作为世博会150余年历史上的首创，上海世博会开创性地在世博园里开辟了"城市最佳实践区"，占地面积达15公顷。这些从全球选拔出来的数十个城市案例，分别从宜居家园、可持续的城市化、历史遗产保护与利用、建成环境的科技创新四个方面进行了精彩的展示。这里汇聚的不仅仅是人们对未来城市生活的想象，更是可以复制的城市模式和可以延续的城市梦想。

在本届上海世博会上，人们除了看到以往世博会的看家绝活——当代最新科技发明外，更多地还见识到世界各地的文化和生活方式。而位于中心城区的世博园被上海的母亲河贯穿而过，园区还专门给游客留出了一块不小的江边湿地，作为亲近自然的歇息之所。这些，都为"城市，如何让生活更美好"增添了崭新的含义。

法兰克福图书博览会

　　早在16世纪，法兰克福就是拉丁文精装书出版商的聚集地，从佛罗伦萨到阿姆斯特丹，各地出版商都汇集于此。第二次世界大战后，为了振兴德国文化，首届法兰克福图书博览会于1949年在保罗教堂举行。半个世纪以来，图书博览会不仅是法兰克福的节日，也成为全球出版界的盛会。

世界上最大的书城

　　法兰克福图书博览会（Frankfurte Buchmesse），是世界上规模最大的国际图书博览会，1949年创办。它的宗旨是介绍图书，交流信息，互通印书计划，促进图书交易。每年10月上旬在德国法兰克福举行，为期7天。组织者是德国书业协会。每两届确定一次博览会主题，展出各门类图书。博览会对展品概不审查，允许展出世界上任何出版商的任何图书，责任由展出者自负。参展者的主要活动是展出图书，洽谈版权交易，洽商合作出版业务等。

　　1989年之前共有5个展览馆：3号馆、4号馆、5号馆、6号馆和主题馆。从1990年起增加了1个馆，共有6个展览馆：1号馆、3号馆、4号馆、5号馆、6号馆和主题馆。1989年参展出版公司8189家，其中德国出版公司最多，其次是英国、美国、法国，展出图书34万种，展出面积9.7万平方米。1988年之前，展览会是上午专业参观，下午对公众开放。从1989年起，改为前3天专业参观，后3天对公众开放。

　　德国的法兰克福书展被称作世界出版业的麦加，每年吸引着来自世界110多个国家和地区的书业界人士16万人参加。其盛大的规模（19万平方米）、丰富的展品、先进的服务设施堪称世界之冠。根据数据统计，每届博览会约有30万名参观者，其中约12万名书业界决策人士是为贸易目的或寻求合作机遇而来，其中有约75%的版权贸易是通过法兰克福国际书展达成的。

除了每次的书展主题外，博览会每年都会选择一个国家作为主宾国，向世界介绍该国的书籍、作者等，并了解该国的出版情况。德国书商与出版商合作每届颁发一次"图书和平奖"，作家们都以获此奖为殊荣。此外，还有"世界上最美的书"（最佳书籍装帧设计）的评选也受到广泛的欢迎。

在各大国际出版巨头的日程表上，法兰克福书展总具有分界线般的意义。在开幕第一天，你不会判断出哪种类型的图书会成为该届书展最热门的畅销书。因此，许多图书代理商从一开幕就亮出底牌以抢占先机，祈求在此次国际出版盛会上有所斩获。

在为期6天的时间里，随着版权的交易，博览会重新画定出下一年度（甚至下两年）全世界不同国家书籍市场版图。每年约有7000多名参展商不惜时间、不计成本来到法兰克福。之所以能有如此的吸引力，是因为书展是一个良好的论坛，这个论坛不仅仅是贸易上的，也是政治、社会上的交流平台，所有与会者都能在此开诚布公地讨论所有问题。他们认为，来书展的最大目的是结识新朋友，维持老关系。所有发生在出版领域里的重要线索，都能在书展上找到。

法兰克福书展秉持着一种开放包容的精神态度，对新生的图书形式、内容不会随便加以拒绝。例如近年来兴起的电子图书，书展主办者的意图就已经明确，即电子出版也是出版，应该纳入法兰克福书物展示的重点。在2000年第52届法兰克福书展上，首届电子图书大奖颁发。这是法兰克福书展首次为电子图书颁奖。此次电子图书大奖分成四个类别：原创小说类、非小说类、印刷小说转成电子图书类以及印刷非小说转成电子图书类。美国作家大卫·马拉尼斯以《自尊仍是重要的》一书，赢得非小说类最佳原创电子书奖；E.M.朔尔布凭着《乐园广场》一书，夺取了小说类最佳原创电子书奖。全球共有100多个作品参与争夺这两个奖项。这两名美国作家可以分享7万英镑的奖金。年轻的英国作家扎迪·史密斯的小说《白牙》赢得了印刷小说转成电子图书类的奖项，得到了7000英镑的奖金。此外，书展还充分利用网络渠道，使展商可以进行在线版权交易。

如今，形形色色的书展层出不穷，法兰克福国际图书博览会走过了半个多世纪的历程却依旧名声在外，这与它不断推陈出新不无关系。

中国积极参展

1957年，中国正式参加法兰克福国际图书博览会，如今中国出版界参加法兰克福书展已有50多年的历史。近年来，该书展已成为我国出版业人士踊跃参加、收获较大的一项业务活动，特别是购买版权的力度逐步加强。每年我国大部分省、市出版单位有数百人参展，贸易额逐年上升。

中国展台设在6号馆内，虽然比不上英美馆那么热闹，但中国展台也是别具特色，红红的中国结是最好的招牌。商务印书馆、人民文学出版社、中国少年儿童出版总社……一些国内知名出版社纷纷亮相，期待在这个出版界的麦加盛会上与各国精英交流切磋。要知道，德国年图书销售额达到了95亿欧元，全球每10本书中就有一本是德国出版的。除了在本国发行，德国图书还大量进行"文化外销"。2002年，德国图书输出金额高达10亿欧元，共有5000多种德文书被其他国家买下版权，其中中文版权占的比例最高，达到近400种。而从1992年至2002年11年间，中国引进图书版权超过48500种，输出图书版权为6500种，引进和输出的比例约为7:1。

2007年，新闻出版总署署长柳斌杰与德国法兰克福书展主席尤根·博思正式签署《关于2009年中国作为主宾国参加法兰克福国际图书博览会会谈备忘录》，中国作为2009年世界最大书展——法兰克福书展的主宾国活动正式启动。

中国主宾国活动在准备过程中所遵循的原则是：悠久历史与当代成就有机结合，传统艺术与现代表现有机结合，内容丰富与突出重点有机结合，传播中华文化与追求东西方文化平等交流、和谐共生有机结合。

在2009年法兰克福书展上，首次充当了主宾国的中国，展厅由主题馆和图书展厅两个部分组成。其中，2500平方米的主宾国主题馆由"中国出版业""中国——文学的国度"和"和谐中国"三个主题贯穿，以中国出版和中国作家为主，利用科技手段和现代元素，呈现一个现代中国、科技中国、文化中国的立体形象。1000平方米的图书展台定位于突出当代中国社会发展、文化风貌和出版成就，彰显中国出版业蓬勃发展的风貌。展区内将集中展示中国重点出版集团和出版社的优秀图书、百余种翻译成德文的中国图书、由外国出版的约2000种有关中国主题的出版物。

中文图书的翻译、出版与推广是2009年中国主宾国活动的一项重要内容。新闻出版总署特别启动"2009年法兰克福书展中国主宾国图书翻译出版资助项目"，投入资金约50万欧元，分两批资助中外出版单位翻译出版德文版、英文版中国图书，并在2009年法兰克福书展中国主宾国活动中集中展示。同时，还结合图书的出版，在德国进行一系列图书的宣传推介，并开展中国图书销售月活动。

为配合中国主宾国活动，系列出版专业交流和文化推广活动也为书展添彩，主要包括：一场高端论坛、五场主题对话、五场专业研讨会、重点图书版权项目推介会、中外出版商版权贸易洽谈会、版权签约、版权保护交流会等。

此外，一系列大型演出、文化艺术展览以及"中国电影季""中国连环画手稿及图片展""中国建筑手稿展""中国文字艺术展"和"中国摄影家作品展"等多项文化展览也亮相2009年法兰克福书展，给德国观众和世界书业人带去浓浓的中国气息。

作为"世界出版人的奥林匹克运动会"，法兰克福书展是展示世界各国出版和文化的重要舞台，而中国主宾国活动则为展示中国出版、传播中国文化提供了一次难得的机会，成了2009年中国对外交流的一大盛事。

中国文化年

2003~2005年，中国与法国互办文化年，这是中国首次与外国互办国家级文化年。之后，"中国文化年"走进了许多个国家。比如，2006年的"俄罗斯中国文化年"，2010年的"意大利中国文化年"，2011年的"澳大利亚中国文化年"……如果把"中国文化年"比作一朵花儿，那么这朵花儿如今已经在多个国家绽放。

中法互办文化年

21世纪初，中国与法国的政治关系非常密切，处于历史上最好的时期，而在经济交往方面，中国与法国的关系也很顺利。欧盟的一体化为中国提供了巨大的海外市场，2004年欧盟已经超过日本和美国成为中国的第一大贸易伙伴。而法国则不断地向中国出售高新技术产品，例如空中客车飞机、法国高速铁路。共同的政治经济利益使得两个国家的关系更为紧密，高层的互访不断，也促进了民间的交流活动。正是由于两国关系密切发展的政治大环境，才让互办文化年成了可能。此外，由于两国都对自己的历史文化非常自豪，也使得文化交流在两国关系发展中占有特殊地位，这为文化年活动提供了良好的契机。

中法文化年活动是在1999年原中国国家主席江泽民访法以及2000年原法国总统希拉克访华期间初步商定的。2001年4月中国国务院主管文化事务的原副总理李岚清访问法国，与法国外交部长韦德里纳签署了有关举办文化年的《会谈纪要》，正式商定了文化年的举办时间。2001年6月，两国组建了中法文化年混合委员会，中方由文化部长和中外交流协会会长牵头，法方则由一名法兰西学院院士和法国文化部国际司司长负责，开始正式筹备文化年活动。

从2003年10月至2004年7月，中国在法国举办文化年；2004年秋季至2005年7月，法国在中国举办文化年。中法互办文化年是中法关系史和中外文化交流史上的空前盛事，也是中华人民共和国成立以来最大规模的一次对外文化交流活动。

在法国举办的"中国文化年"的活动项目有300多项，其中重点项目有60多项。"古老的中国、多彩的中国、现代的中国"是法国"中国文化年"的三大主题。《东方既白——20世纪中国绘画展》《走近中国——中国当代生活艺术展》《四川广汉三星堆文物展》、中法两国同时举办的《康熙时期艺术展》和《路易十四时期艺术展》《孔子文化展》《吴作人画展》《圣山文物展》《21世纪中国高等教育展》《中国旅游展》《中国现代艺术展》《中国电影回顾展》《中国民族服饰文化展》等都是展览项目中的精品。

活动在位于埃菲尔铁塔对面的法国电影资料馆，放映了100部中国电影。这100部电影都是中国电影史上的杰作，从20世纪20年代中国电影诞生时期的默片，一直到"第五代"的作品。其中许多影片是第一次在国外放映，如《武训传》等。

卢浮宫隆重推出中国民族服饰展演和"服饰中华"大型服装表演。中国爱乐乐团、中央民族乐团、中央芭蕾舞团、广东杂技团、中国武术队等中国最高水平的表演或体育团体，将通过巡演给法国观众带来交响音乐会、民族音乐会、芭蕾舞剧《红色娘子军》，以及法国人已经通过电影对故事情节耳熟能详的《大红灯笼高高挂》等精彩节目。

通过"中国文化年"，中法两国之间建立了46对友好省区和城市。北京、上海、广州、重庆、武汉、秦皇岛等城市，分别在其对口城市巴黎、马赛、里昂、图卢兹、波尔多和敦刻尔克等举办了文化周活动，这是省市交流的重点。北京在巴黎爱丽舍大街组织春节欢庆大游行，上海则展出"上海一条街"，还有妇女周、广东文化周等活动。两国地方省市间通过友好城市的形式开展活动，使"中国文化年"覆盖法国全境。

"中国文化年"在法举办期间，欧洲乃至世界各国媒体对"中国文化年"进行了大量报道。有媒体称这一活动"体现了不断升温的中法关系"。对此，法国原总理让-皮埃尔·拉法兰说："毫无疑问，'中法文化年'的意义已远远超出文化活动本身，将进一步证明中法全面战略伙伴关系，证明我们有共同的决心迎接当今世界的各种挑战。"

展现文化的多样性

中法互办文化年对法国周边国家产生了"辐射效应"，部分项目的展示不仅局限在法国，还向周边国家延伸。如中央芭蕾舞团接着去意大利和英国演出，中央民族乐团在荷兰举行音乐会，《孔子文化展》还赴德国和西班牙展出。欧洲各国有关中国的文化活动一个接着一个、高潮迭起，这些都源于法国"中国文化年"活动的全面展开。

继中法互办文化年之后，中国先后在50多个国家举办了约200多次中国文化年、中国文化节活动，在展现国家形象上发挥了积极作用。2009年10月8日至2010年2月14日，在比利时举办的欧罗巴利亚中国艺术节，覆盖比利时各大城市，并辐射到周边的欧洲国家。2010年9月16日，瑞士文化风景线艺术节·中国主宾国活动促进了双方文化交流合作。从2010年10月开始的意大利中国文化年，实际开展文化交流项目超过200项，在社会各界产生了极其广泛的影响。2011年，美国"中国：一个国家的艺术"文化系列活动得到美国主流人士的广泛关注，引起积极反响。2012年1月30日，德国中国文化年在柏林开幕……

近几年来，"中国文化年"的形式越来越多样，内容越来越丰富。曾经，文化年的内容以表演、视觉艺术、文物展览等为主。如今，文化年已经扩展到了影视、出版等领域，并加强了与当地的交流与合作。此外，随着孔子学院在世界各地的蓬勃发展，"中国文化年"的力量也得到了壮大。比如，孔子学院加入到了2012德国"中国文化年"的系列活动中，他们发挥在德国有11家孔子学院及孔子课堂的优势，在集思广益的活动策划阶段和重要活动的执行阶段都是文化年重要的伙伴。

长久以来，许多国家的民众对中国的认识模糊而且片面。在形容中国时，"古老""神秘"或许是他们使用得最多的词语。而这样的印象注定孕育着误会与不解。让世界聆听中国的真实声音，让世界了解真正的中国，已经成为我们强烈的愿望。如今"中国文化年"像一条纽带，把中国与世界连接；"中国文化年"更像一张唱片，用柔和的声音轻轻诉说着中国的故事。中国正通过"中国文化年"这些良好的交流渠道让世界真正读懂中国文化。

繁荣文化交流事业

近年来，无论是"中国文化年""中国文化节"还是孔子学院，无不是让中国文化走出去的有益尝试，并且在多个方面取得了辉煌成就和显著效果。

目前，中国已经同145个国家签订了政府间文化合作协定和近800个年度文化交流执行计划，与近500个民间文化团体和组织建立了友好的合作关系，同上千个文化组织保持着密切的合作关系。双边和多边人文交流机制不断取得新进展，中国在国际文化事务中的话语权进一步加大。

海外中国文化中心的建设步伐明显加快，已经建成和正在建设之中的海外中国文化中心数量已达20多个。现在，正式运营的海外中国文化中心共有9个。曼谷、莫斯科、马德里、新加坡的中国文化中心正在建设施工中，并将在近期投入使用。在塞尔维亚、斯里兰卡、巴基斯坦、墨西哥、加拿大设立中国文化中心的工作已进入选址阶段。据不完全统计，2007年至2011年间，9个中国文化中心举办的重要活动达2500多场，参加中国文化中心各类教学培训的学员达2.6万人，参加活动的民众达56万人。

以"欢乐春节"为例，2010年，首届"欢乐春节"以"欢乐春节，和谐世界"为主题，由文化部联合多部门从全国20多个省区市选派了60多个项目，成功出访40多个国家和地区。2011年，第二届"欢乐春节"以60多种形式的文化活动在全球63个国家和地区铺开。2012年，在82个国家和地区举办的323个春节文化活动，使得"欢乐春节"的品牌知名度更高、更响亮。如今的"欢乐春节"已经逐渐成为开展对外文化交流、推动中华文化走向世界的一个重要品牌。

又如在非物质文化遗产上，目前，我国列入人类非物质文化遗产代表作名录的项目总数达到28项，加上列入急需保护名录的6项，居世界第一。2009年5月，联合国教科文组织在巴黎总部主办的文化多样性艺术节上，我国一批具有代表性的演展项目产生了轰动效应。2011年4月，我国政府正式向联合国教科文组织提交《〈非遗公约〉履约报告》。我国还积极探索联合申报之路，开创国际合作先河，亚太地区非物质文化遗产国际培训中心的成立，为我国开展非遗区域与国际合作开拓了新的平台和阵地。

随着我国对外文化贸易环境的不断优化，贸易额大幅提高，出口结构得到改善，一批文化企业成功进军海外市场，中国文化产品的国际竞争力和影响力明显增强。据统计，从2001年到2010年，我国核心文化产品和服务出口平均增速为15.9%和28.7%。2010年，我国核心文化产品和服务出口额分别达到116.7亿美元和30亿美元。文化服务出口占文化产品和服务出口的比重，从2001年的9.1%增长到2010年的20.4%。目前，我国的对外文化贸易呈现出的主要特点是：出口主体及方式更加多元化、文化产品的出口规模不断提升、中外文化产业领域合作愈加紧密、全国各地区域特色进一步发挥、文化产品出口区域日趋扩大。

孔子学院

中国在海外设立的孔子学院，并非一般意义上的大学，而是推广汉语文化的教育和文化交流机构，是一个非营利性的社会公益机构。孔子学院最重要的一项工作就是给世界各地的汉语学习者提供规范、权威的现代汉语教材；提供最正规、最主要的汉语教学渠道。我国在世界各地举办孔子学院，充分利用自身优势，开展丰富多彩的教学和文化活动，逐步形成了各具特色的办学模式，成为各国学习汉语言文化、了解当代中国的重要场所，受到当地社会各界的热烈欢迎。

推广汉语，打造中国文化软实力

一个国家的综合国力既包括由经济、科技、军事实力等表现出来的"硬实力"，也包括以文化和意识形态吸引力体现出来的"软实力"。在过去的时代，硬实力对一个国家在国际上的地位起到了决定性作用，但是在今天这个信息时代，软实力正变得比以往更为突出。

文化是一个国家软实力的重要组成部分。对于中国这样一个有着悠久传统文化的国家，文化更是打造国家软实力不可忽略的一环。近年来，中国在寻求提升自身文化软实力和中国文化在海外的吸引力的过程中，积极开展以中国语言、文化和思想等的推广活动为代表的文化外交和公共外交。

2002年，中国开始酝酿在海外设立语言推广机构。从2004年开始，在借鉴德国歌德学院、法国法语联盟、西班牙塞万提斯学院等机构推广本民族语言经验的基础上，我国在海外设立的以教授汉语和传播中国文化为宗旨的非营利性公益机构终于诞生。2004年11月21日，全球第一所孔子学院在韩国首都首尔挂牌成立。此后，孔子学院就像雨后春笋般，在世界许多个国家快速成长。

孔子学院总部设在北京，2007年4月9日挂牌。境外的孔子学院都是其分支机构，主要采用中外合作的形式开办。孔子是中国传统文化的代表人物，选择孔子作为汉语教学品牌是中国传统文化复兴的标志。

据国家汉办统计：2004年，中国派出69名对外汉语教师，2006年派出1000名志愿者和1000名教师；2005年，海外有近3万人参加汉语考试，2006年则翻了一番。目前全球学习汉语者超过4000万人。

截至2011年底，全球已有105个国家建立了358所孔子学院和500个中小学孔子课堂，注册学员达到50万人。同时，网络孔子学院也已开通英、法、德等9个语种，注册用户覆盖67个国家，还有76个国家400多个机构正在要求申办孔子学院。

随着我国国际地位的不断提高和我国在推广汉语传统文化的努力，世界各国对汉语学习的需求急剧增长，"汉语热"在全球范围内升温。世界人民渴望了解中国文化，而"孔子学院"的设立使得古老而不再神秘的东方语言焕发出了新的生机。可以预见，随着中国的强势发展和经济全球化加快发展，中国必然会更快更深地融入世界。而语言作为一种文化资源，会将中国文化推向世界，通过汉语教学能进一步建造起一座宽阔的中外经济文化交流和人民交往的桥梁。

中外合办孔子学院

孔子学院主要采用中外合作的形式来开办。中国大陆境内的大学是孔子学院的支持单位，通过与各国教育机构合作，为不同地区设立的孔子学院提供教学资源。孔子学院以非学历教育为主，面向社会各界人士开展汉语教学和传播中华文化活动，而不是一般意义上的大学。由于各个国家都有不同的特点，在不同地方设立的孔子学院也会因地制宜，有针对性地开展教学工作。

从合办模式看,孔子学院视情况采取灵活的方式。孔子学院有授权特许经营、直接投资的方式,但不力推,也不机械地照搬歌德学院式的政府与政府的合作模式。孔子学院合办模式目前主要有三类:一是和大、中学合作,如与伦敦经济学院合办的孔子学院;二是和企业合作,如与汇丰银行等公司合办的孔子学院;三是与社团合作,如美国的华美协进社孔子学院。

从经费筹措看,因形式而异。其中一次性开办费原则上由双方根据协议共同负担。对确有困难的海外申办机构,经孔子学院总部批准,可由中方负责解决。日常经费中,中方可按协议负担所派出管理人员和专职教师的工资、住房、国际旅费、医疗保险等费用,提供免费教材、图书、音像制品等教学资料。同时,经孔子学院总部同意,中方还可提供海外孔子学院组织的汉语教学和传播中国文化专项活动的经费资助。其余费用则应由外方负责解决。

海外孔子学院实行年度预算和决算报告制度。年度预算和决算须经理事会审核批准。其中中方承担的经费部分,须按照孔子学院总部的要求实行报批制度,并设立专门账户严格实行专款专用。总部有权进行对海外孔子学院的经费使用情况实行监督、检查和审计。

管理上,孔子学院实行理事会制度和院长负责制,主要由外方管理,中方多担任副院长,不同于歌德学院主要由德国人管理。

从教材编写看,根据国务委员陈至立的有关指示,在教育部的直接领导下,成功开发了《汉语900句》,并实现了编写、出版及发行一条龙,与国外出版公司签署了14个语种的翻译协议;与国务院侨办合作改编了《中国历史常识》《中国地理常识》和《中国文化常识》,翻译成英、法、西、德、日、韩、俄、阿、泰9个语种;积极开发多媒体课件;全年共向85个国家839个单位赠送59万册图书。教材编写同时注重教材的信息化,以便于需求者用MP3、网络等手段学习,这是中国在人类文明交流史上谋求与不同文化交流而非同化的一个创举,也正是其他拥有较长文化推广历史的大国所欠缺的理念。

孔子学院的业务内容主要有以下几个方面:

1.开展以"长城汉语"为主的多媒体汉语教学课程及其他汉语学习课程;

2.开展各类中文教师培训并组织实施汉语作为外语教学能力认定测试;

3.建设中文图书馆并提供中文资料查阅服务;

4.组织开展汉语和中国问题研究等学术活动;

5.组织推广汉语和传播中国文化的展览、演出或竞赛活动;

6.组织实施汉语水平考试及开发实施其他适合当地需求的汉语考试;

7.提供留学中国咨询服务;

8.推介中国的各类文化产品(如图书及音像制品、传统艺术品、纪念品等)。

根据孔子学院的发展规划,到2015年,全球孔子学院将达到500所,中小学孔子课堂达到1000个,学员达到150万人,其中孔子学院(课堂)面授学员100万人,网络孔子学院注册学员50万人。专兼职合格教师达到5万人,其中,中方派出2万人,各国本土聘用3万人。大力发展网络、广播、电视孔子学院。

到2020年,基本完成孔子学院全球布局,做到统一质量标准、统一考试认证、统一选派和培训教师。基本建成一支质量合格、适应需要的中外专兼职教师队伍。基本实现国际汉语教材多语种、广覆盖。基本建成功能较全、覆盖广泛的中国语言文化全球传播体系。

中美百万册数字图书合作计划项目

数字图书馆是保存大量结构化信息的数字化资源库。数字图书馆的最终目标是让所有的人在任何时间任何地点都可以用任何连接互联网的数字设备来访问人类所有的知识。数字图书馆是新一代互联网上信息资源的重要平台，已成为国家社会信息基础设施的重要组成部分。

中美合作建图书馆

"中美百万册数字图书馆合作计划"（China–America Digital Academic Library，简称CADAL），是中美两国计算机专家在2000年12月共同发起的一项大型数字图书项目。该计划旨在由中美两国共建达百万册中英文图书的数字图书馆，其中中英文图书各50万册，以提供便捷的全球可访问的全文图书浏览服务。该项目与中国高等学校文献保障体系（CALIS）一起，构成了中国高等教育数字化图书馆的框架。

2001年8月，由浙江大学校长潘云鹤任团长的代表团访问美国，就数字图书馆项目的合作举行了首次双边会议，确定了合作意向和建设目标，双方商定了在合作中各自应当承担的任务。会议确定组成项目指导委员会，项目指导委员会的职责是确定规划项目、制定政策、提供资源和条件保证。在项目建设中，美国投入了相当于1千万美元的软硬件系统支持，这些软硬件主要是专用于古籍数字化的大幅面扫描仪等计算机设备、软件、技术支持、人员培训以及美方资源和版权的购买。在内容建设方面，中国方面将由承担本项目的10多所大学共同讨论决定；美国方面的内容将由美国数字图书馆联盟协商讨论决定，提供50万册英文图书。

本项目由国家投资建设，作为教育部"211"重点工程，由浙江大学联合国内外的高等院校、科研机构共同承担。项目一期建设100万册（件）数字资源，国家投入7000万元，美方合作单位投入约200万美金，在"第十个五年计划"期间已经完成。一期建设由浙江大学和中国科学院研究生院牵头，北京大学、清华大学、复旦大学、南京大学等16个高校参与建设。建成两个数字图书馆技术中心（浙江大学、中国科学院研究生院）和14个数字资源中心（北京大学、清华大学、浙江大学、复旦大学、南京大学、中国科学院研究生院、上海交通大学、西安交通大学、武汉大学、华中科技大学、吉林大学、中山大学、四川大学、北京师范大学），形成一套成熟的支持TB（万亿字节）量级数字对象制作、管理与服务的技术平台，探索多媒体、虚拟现实等技术在数字图书馆中的应用，推动我国数字图书馆技术达到国际领先水平，为数字图书馆建设与服务的可持续发展奠定了资源和技术基础。

2009年8月14日，教育部高教司组织有关专家，对浙江大学牵头草拟的《大学数字图书馆国际合作计划可行性研究报告》进行了评审和论证。专家组听取了项目可行性研究报告的汇报，仔细审阅了有关资料，对报告内容给予充分的肯定并一致通过论证。在一期工程的成功实践基础上，CADAL项目二期正式立项。二期建设将在一期百万册的基础上，完成150万册（件）数字资源，并建立分布式数据中心和服务体系，实现数据安全和全球服务，由国家投入1.5亿建设资金，计划在3年内完成。

CADAL项目建设的数字图书馆，提供一站式的个性化知识服务，将包含理、工、农、医、人文、社科等多种学科的科学技术与文化艺术，包括书画、建筑工程、篆刻、戏剧、工艺品等在内的多种类型媒体资源进行数字化整合，通过因特网向参与建设的高等院校、学术机构提供教学科研支撑，并与世界人民共享中国学术资源，宣传中国的文明与历史，具有重大的实用意义、研究价值和发展前景。

引领潮流，影响深远

从电子出版、互联网站、数字通信、数字广播、遥感遥测到数字图书馆、数字人、数字地球，数字媒体正在引发着不断膨胀的数字海啸。据加州大学伯克利分校的研究估计"全球每年会产生2EB（艾字节，1EB=1024PB）非重复的数据，而其中约93%是以数字形式存储的"，这个数字是人类有史以来所有印刷资料数据量（约200PB，PB即千万亿字节）的10倍，是当前万维网信息总量（约8PB）的250倍，是对地观测系统（EOS）每年产生数据量的6000倍，是美国国会图书馆的所有印刷类藏品（约10个TB）的20万倍。据预测，10年内信息海啸将会以指数级的速度膨胀，很多专家认为数字海啸将是21世纪最大的技术挑战。

在信息海啸的时代背景中，CADAL计划作为国际数字图书馆领域的重要事件，是第一个大规模的国际间数字图书馆合作建设实例，它的意义是十分深远的。

首先，CADAL计划构建出中英文比例合理的大型数字图书馆，为教育科研提供丰富的数字资源，尤其是计划中的美国著名高校教材、学位论文等数字资源，对于我国教育科研的发展有着不可估量的价值；

其次，CADAL计划为数字图书馆研究提供了一个试验床，能促进知识处理、数字情报等研究工作的深入开展，将建立较为完善的数字技术标准规范，有利于我国数字图书馆建设的持续发展；

再次，CADAL计划探索数字媒体资源智能检索、分析、处理、操纵、可视化和互动的新模式，促进知识、知识生产者、知识传播者、知识整理者、知识消费者之间关系的变革，加快知识传播和更新速度；

最后，通过CADAL计划，来自两个文化背景下的百万册书籍被整合到一个统一的平台下，提供给不同文化环境中的人学习、研究，这是两种文化在数字时代的碰撞和交融，将极大地促进东西方文化的交流。

中美艾滋病防治合作项目

美国疾病预防控制中心与中国政府合作的中美艾滋病防治合作项目（China-US Cooperation-Global AIDS Program，简称GAP）是美国疾病预防控制中心就艾滋病防治在世界25个国家与各国政府开展的合作项目之一。该项目的任务是帮助资源有限的国家预防艾滋病感染的传播，改善艾滋病患者治疗环境，提供支持并加强机构能力建设。美国疾病预防控制中心全球艾滋病项目直接通过其驻地的项目办公室向当地政府、技术部门及有关合作者提供技术和经济方面的援助。

全球共抗艾滋病

艾滋病，即获得性免疫缺陷综合征（Acquired Immune Deficiency Syndrome，简称AIDS），是人类因为感染人类免疫缺陷病毒（Human Immunodeficiency Virus，简称HIV）后导致免疫缺陷，并发一系列机会性感染及肿瘤，严重者可导致死亡的综合征。艾滋病病毒的传播途径包括血液、性行为、吸毒（吸毒者共用注射器）和母婴感染（携带艾滋病病毒的母亲传染其所生的孩子）等。国际医学界至今尚无治疗艾滋病的有效药物和疗法。因此，艾滋病也被称为"超级癌症"和"世纪杀手"。为了提高公众对艾滋病危害的认识，世界卫生组织将每年的12月1日确定为世界艾滋病日，号召世界各国在这一天举办各种活动，宣传和普及预防艾滋病的知识。

自1981年美国发现首例艾滋病之后，艾滋病病毒在全球范围内的传播速度惊人，成为严重威胁世界人民健康的公共卫生问题。据世界卫生组织和联合国艾滋病规划署2004年11月23日公布的数据显示，全球艾滋病患者和病毒携带者人数已经达到3940万，比2003年增加了160万人。报告估计，在2004年中，有310万人死于艾滋病，比2003年增加了20万人，创下了单年死亡人数的最高纪录；新增490万艾滋病病毒感染者，超过了2003年的480万。

在艾滋病防治工作中，妇女已经成为不容忽视的一个群体。上述报告指出，女性在艾滋病患者中的比例加大。从数字看，迄今全世界3700多万成人艾滋病病毒感染者中女性几乎占到了一半，达1760万人。2004年全球新增感染者中47%是女性。

就艾滋病病毒感染者的分布状况来看，虽然整个非洲的形势已经大幅好转，但撒哈拉沙漠以南的非洲仍是全球受影响最为严重的地区，在南非有530万人被感染。亚洲和东欧已经成为艾滋病病毒传播最为迅速的地区。东亚地区有110万人携带艾滋病病毒，两年内增长率高达56%。东欧和中亚约有140万人感染了艾滋病毒，而两年前只有100万。中国自1985年报告首例艾滋病以来，到2003年底，艾滋病病毒感染者约为84万，艾滋病病人约为8万，累计报告的艾滋病死亡人数已逾千例。

联合国艾滋病规划署在报告中强调，在艾滋病防治方面继续加大财政投入是抗击艾滋病的关键。巴西和柬埔寨对艾滋病防治工作持续投入资金和人力，有效遏制了两国艾滋病蔓延的势头；反观尼日利亚、俄罗斯和越南等国，在防治艾滋病方面的投入不足，造成这些国家新增病毒感染者数量呈上升趋势。

虽然目前还没有有效治疗艾滋病的药物和特异性预防疫苗，但艾滋病是完全可以预防的。提倡健康的生活方式、洁身自好、保持高尚的道德情操是预防艾滋病传播的最有效方法。

中美合作防治艾滋病

据美国国际发展署亚太区数据显示，随着艾滋病在全球广泛流行，亚洲已成为继北美、非洲之后全球艾滋病传播迅速、流行严重的地区之一，目前亚洲已有700多万艾滋病感染者，200多万艾滋孤儿，平均每1分钟就有两人感染艾滋病。艾滋病已威胁到公共安全和社会稳定。

为遏制艾滋病的传染势头，美国政府决定在5年内投资5000万美元，与全球艾滋病防治机构合作，其中一个重要组成部分就是亚洲区域的艾滋病防治。2004年2月，中国卫生部国际合作司与美国国际发展署共同签署了艾滋病防治合作项目的换文，决定在政府间开展合作，对云南和广西的援助就是这一合作的首个项目。

该项目最终目的是通过防止艾滋病的二代传播，控制源头人群向普通人群的传播，使艾滋病流行局限化，艾滋病的感染率或发病率降低或保持低流行态势。项目分两期进行，第一期是从2004年到2009年，目标是促进国家与当地政府对艾滋病防治工作的重视与支持，建立健全规范的省级艾滋病预防监测体系；第二期目标是到2009年全面提高项目地区艾滋病防治的公共卫生服务能力，使得80%高危和一般人群可以得到合理检测和关爱服务。

项目主要与国家疾病预防控制中心性病艾滋病预防控制中心和项目省合作。高危省份包括河南、新疆、安徽、贵州，项目的重点是防止二代传播，增加艾滋病关怀、治疗和支持的可及性，如责任的咨询和检测。低危省份包括北京、黑龙江、内蒙古、西藏、山东、广东（深圳），重点是以监测作为切入点，及早准备预防体系。

项目通过加强监测与合理检测，以及对艾滋病病毒感染者/病人的关怀与治疗，尽可能多地早期发现艾滋病感染者和艾滋病病人，实施早期干预，降低传播危险，预防二代传播；并加强公共卫生预防体系的建设，积极地与国内国际项目有机结合，共同努力达到有效遏制艾滋病在中国流行的总体目标。

根据以上策略，项目将通过强化项目省份现有监测系统、增加新的监测哨点及收集常规卫生服务检测信息资料来加强监测体系；同时，在高危省份促进对艾滋病病毒感染者/病人的治疗与关爱活动，探索适合中国农村地区实际情况的艾滋病病毒感染者/病人的治疗与关爱模式，在低危省份加强预防体系建设和做好治疗关爱的准备工作。在此基础上，分析评估实际情况，灵活调整项目策略与活动，使项目规划真正符合当地艾滋病防治的需求。

项目同时支持国家级项目活动，即支持中国疾病预防控制中心性病艾滋病预防控制中心相关业务科室在艾滋病防治的政策研究与开发、技术能力支持等方面的工作，从而推动全国及基层活动的开展。

经过中美两国双方的共同努力，中美艾滋病防治合作项目取得了长足进展。中美艾滋病防治合作中国项目充分利用了美国疾病控制和预防中心与美国国际开发署的互补优势。这些机构共同努力，融入中国政府的国家级和省级项目中，解决以中国的最高危人群为侧重点的实验室能力、抗反转录病毒疗法以及卫生系统强化等问题。

在过去10年中，我们看到中国在分娩过程中的母婴艾滋病毒传播有所上升。在2009年，为了抗击这种增长，美国为一个大型预防试点项目提供了技术援助。其结果是充满希望的，进行艾滋病毒检测和咨询的案例增多，母婴传染率下降，越来越多的艾滋病毒呈阳性的母亲的家属和性伴侣进行检测。

除了通过中美艾滋病防治合作项目，美国国家卫生研究院还在中国的注射吸毒者当中进行一个大型临床研究，试图阻止他们感染艾滋病毒。注射吸毒是艾滋病毒在中国和亚洲其他地区及欧洲传播的主要手段之一，如果这项研究成功，其结果可能会在世界范围内产生重大影响。

中国援外医疗队

中国援外医疗队从1963年至今，已经走过了整整50个年头，并且做出了杰出的成绩。中国医疗队的服务受到受援国政府和国际组织派驻人员的高度评价。援外医疗使中国与受援国关系进一步巩固，中国医疗队员则成为两国间交往的民间大使。据统计，有约700名援外医疗队员荣获受援国政府颁发的国家级勋章、奖状和荣誉证书。50年来，医疗队员用妙手仁心救治患者，用爱浇铸起友谊的桥梁。

外派医疗，义不容辞

中国首支援外医疗队成立于1963年，当时刚获得独立的阿尔及利亚向国际社会发出求援呼吁，而中国刚刚经历过一段困难时期，财力和卫生技术力量也都十分缺乏，但中国政府依然向阿尔及利亚派出了第一支医疗队，掀开了中国援外医疗的序幕。

截止到2008年，我国先后向亚洲、非洲、拉丁美洲、欧洲和大洋洲的69个国家和地区派出了医疗队，累计派出20679人，经中国医师诊治的受援国患者达2.6亿人。目前，在5大洲的48个国家仍有我国派出的援外医疗队50支，1278名医疗卫生人员分别在123个医疗机构为受援国群众免费提供无偿医疗服务。中国大陆除西藏、新疆、贵州、海南外，全国各地卫生部门都承担了医疗队的任务。

非洲是我国派出医疗队最多的地区。中国援非医疗队从小到大，先后向非洲47个国家和地区派出过医疗队，累计派出医务人员约1.6万人。目前，中国在非洲34个国家派有35支医疗队，共860名医务人员，分布在94个医疗点上。

中国援非医疗队分布国家一览（括号内为派出省市）：

阿尔及利亚（湖北）、马里（浙江）、坦桑尼亚（山东）、刚果（布）（天津）、毛里塔尼亚（黑龙江）、几内亚（北京）、苏丹（陕西）、赤道几内亚（广东）、塞拉利昂（湖南）、突尼斯（江西）、埃塞俄比亚（河南）、多哥（山西）、喀麦隆（山西）、马达加斯加（甘肃）、摩洛哥（上海）、尼日尔（广西）、莫桑比克（四川）、几内亚比绍（贵州）、加蓬（天津）、贝宁（宁夏）、赞比亚（河南）、中非（浙江）、博茨瓦纳（福建）、吉布提（山西）、卢旺达（内蒙古）、乌干达（云南）、佛得角、津巴布韦（湖南）、塞舌尔、布隆迪、科摩罗（广西）、纳米比亚（浙江）、莱索托（湖北）、厄立特里亚（河南）。

中国援外医疗队大多驻扎在贫困国家的偏远落后地区，生活和工作环境十分恶劣。与此同时，这些地区的医疗条件也通常十分简陋，许多地方最先进的设备就是一台X光机，连心电图仪也没有，许多内科医生只能借助听诊器和血压计看病。

在这种情况下，中国援外医疗队员克服医疗环境差、药品短缺等困难，为当地民众提供医疗服务。在很多地区，中国医疗队都是当地的主要医疗力量。中国卫生部国际合作司副司长王立基先生介绍说，中国医疗队在受援国成功地开展心脏手术、巨大肿瘤摘除、断肢再植等高难度医疗技术服务，救治了许多生命垂危的病人。

在治病救人的同时，中国医疗队还尽自己所能，帮助受援国改善医疗条件，通过多种形式培养和提高当地医务人员的技术水平和医疗能力。据统计，中国医疗队累计为受援国培训初、中级医务人员3000多人，临床医护人员数万人。此外，中国医疗队还在一些地区承担起协助当地政府应对突发公共卫生事件的重任。

对外援助是中国外交工作的重要组成部分，对维护世界和平、保障国家安全、提高中国的国际地位有着重要的意义。中国派遣的援外医疗队，不仅为所在国家治愈了大量的常见病和多发病，更为中国同第三世界国家建立真诚友好、团结合作关系作出了巨大贡献。

救死扶伤成绩斐然

据不完全统计，50年来，一批又一批的中国医疗队发扬救死扶伤的人道主义精神，在各受援国政府和人民的支持、帮助下，不仅治愈了大量的常见病、多发病，而且还成功地开展了心脏手术、肿瘤摘除、断肢再植等难度较大的技术服务，挽救了许多生命垂危的病人；他们既有综合队，又有专业组；既有西医，也有中医；以临床科室为主，又辅以卫生检疫、药品检验、预防保健、设备维修等多个方面；他们不仅利用现代医疗技术，而且还将针灸、推拿等中国传统医药技术以及中西医结合的诊疗办法带到世界各地，诊治了不少疑难重症，为所在国家创造了一个又一个"医学奇迹"。

同时，援外医疗队员还注意帮助扶植当地的医疗医务水平，他们通过与当地医务人员一起工作，举办专题讲座、培训班等各种形式，向当地医务人员传授医疗技术，促进了受援国医疗诊治技术水平的提高。

此外，在长期的医疗工作中，医疗队还热情地为我使馆人员、援外工程人员、当地侨民等服务。援外医疗队员的精湛技术和良好的医德、医风赢得了受援国政府和人民群众的广泛称赞，有600余名医疗队员获得所在国总统授勋的各种荣誉。其中，甘肃省派驻马达加斯加医疗队长安平同志被授予军官荣誉勋章，4个医疗点点长侯卫华、李胜达、裴可夫、李兴文及总队翻译顾福卿5位同志被授予骑士荣誉勋章。但50多年来，也有45名医疗队员因公殉职，永远埋在异国他乡。

由于历史上的或是现今的种种原因，许多受援的第三世界国家灾难、战争连绵不断，政府经常更迭，社会秩序混乱，援外医疗队员们不仅要面临各种传染病的威胁，还需要冒人为的生命威胁，感受炮火的硝烟和枪林弹雨的洗礼。比如2003年8月2日，伊拉克入侵科威特，海湾地区狼烟四起，当时由辽宁省派出援科威特的医疗队员们一觉醒来已身陷战火之中。20天后，他们穿境越国过沙漠，花了整整三天三夜时间才摆脱了战火，演绎了一次"胜利大逃亡"。

非洲是艾滋病的重灾区，据资料显示，目前，非洲艾滋病患者和艾滋病病毒携带者已经占到全世界艾滋病患者和艾滋病病毒携带者总人数的7%。因此，对于在这里工作的中国援外医疗队员，艾滋病的威胁不能不说是始终笼罩在人们头顶上的阴云。队员们经常为艾滋病患者或艾滋病病毒携带者诊治，他们对自己可能会感染艾滋病都做好了心理准备。除了艾滋病，在当地传染性比较强的还有疟疾。由于非洲气候炎热，蚊虫较多，所以每一批医疗队员几乎无一幸免，都患过疟疾。

尽管困难重重，中国医疗队的医生们还是坚持在这些第三世界国家继续他们的外援工作。医疗队员的精湛医术和高尚的医德赢得了受援国政府和人民的高度赞扬。通过中国援外医疗队，受援国人民了解了中国；另一方面，中国人民通过医疗队也更加了解了世界。中国医疗队的队员们以自己的青春、热血甚至生命，树立了一座座友谊的历史丰碑，成为中国与第三世界国家长期合作的典范。毛里塔尼亚总统海拉德说："中国专家最善于埋头工作，工作效率最高。中国医生不畏艰苦，在我国历来缺医少药的地方工作，受到群众热烈称赞。现在群众每当遇到疑难病时，便说需要找中国医生。"坦桑尼亚总统尼雷尔说："我信任中国医生，他们不但医术高，而且责任心强。"早在1963年周恩来总理在答美国记者格林的提问时就指出，中国对若干新独立的国家进行援助，不附带任何条件和特权。中国是这么说的，也是这么做的，援外医疗队就是其中的一个项目。中国政府和现任领导人也都非常重视对非洲的医疗援助。目前，为了更好地做好援外医疗工作，中国政府正在研究进一步提高援外医疗队员的待遇，改善医疗队的生活条件以鼓励更多的医务人员支持中国的援外医疗事业。

致 谢

在本系列书编写过程中，为使内容权威、数据精准，我们参考和引用了大量文献资料，现特将参考文献列下：

1.金勇进主编：《数字中国60年》，人民出版社2009年版。

2.《新中国60年重大科技成就巡礼》编写组：《新中国60年重大科技成就巡礼》，人民出版社2009年版。

3.陈煜编：《中国生活记忆——建国60年民生往事》，中国轻工业出版社2009年版。

4.崔常发、谢适汀编：《纪念新中国成立60年学习纲要》，国家行政学院出版社2009年版。

5.王月清著：《伟大的复兴之路——新中国60周年知识问答》，南京大学出版社2009年版。

6.《青少年爱国主义教育读本》编委会：《新中国60年简明大事典——科技与教育》，中国时代经济出版社2009年版。

7.张希贤、凌海金编著：《中国走过60年》，中共中央党校出版社2009年版。

8.周叔莲：《中国工业改革30年的回顾与思考》，《中国流通经济》2008年第10期。

9.张文尝、王姣娥：《改革开放以来中国交通运输布局的重大变化》，《经济地理》2008年第9期。

10.国家统计局：《改革开放30年报告之十三：邮电通信业在不断拓展中快速发展》。

除此之外，本系列书还参考和引用了《中国科学技术发展报告》《中国农业统计资料汇编》《中国统计年鉴》，以及新华网、中国科技网和《光明日报》《科技日报》《北京日报》《人民邮电报》等网站和媒体的相关数据、资料和报道，在此特向以上媒体和网站表示感谢。